Zu diesem Buch

Der berühmte Naturforscher Isaac Newton stand in seinem Garten und dachte nach. Ein Apfel fiel, nicht weit vom Stamm, dem Physiker auf den Kopf. Das war der wohl bekannteste Denk-Anstoß der Weltgeschichte. Sir Isaac gab der Kraft, die den Apfel auf ihn niedergehen ließ, den Namen Schwerkraft – und siehe da, nun hatte endlich die Kraft einen Namen, die alles auf Erden und im Universum beherrscht: Schneeflocken, Milchstraßen und Äpfel.

Was Professor Newton aus England 1665 für die physikalische Welt geleistet hat, hat 1969 Professor Laurence J. Peter aus Kanada für die soziale Welt vollbracht. Er entdeckte das Grundgesetz, das alle Formen menschlichen Zusammenlebens unfehlbar beherrscht – die grunzende Horde steinzeitlicher Höhlenbewohner ebenso wie die ferngesteuerte Besatzung einer Weltraumfähre.

Zu Ehren seines Entdeckers wurde dieses weltbeherrschende Grundgesetz das «Peter-Prinzip» genannt. Damit tat sich ein ganz neues Forschungsgebiet auf: die Hierarchologie. Die Pionierzeit dieser Disziplin verlief stürmisch. Die Beispiele für das universelle Wirken des Peter-Prinzips sind Legion. Heute, anderthalb Jahrzehnte nach Erscheinen des Grundlagenwerks «Das Peter-Prinzip», wird es höchste Zeit, das hierarchologisch interessierte Publikum durch einen aktualisierten Forschungsbericht endlich wieder auf den neuesten Wissensstand zu bringen. Gerade in diesem unserem Lande irrt nämlich der Volksmund, wenn er ideologischen Scharfmachern nachplappert, schlimmer ginge es nimmer. Das Gegenteil ist richtig: Schlimmer geht's immer!

Laurence J. Peter wurde 1919 als Sohn armer, doch anspruchsvoller Eltern im Westen Kandas geboren, wo er eine breitangelegte, langausgedehnte, aber völlig unzulängliche Schulbildung erhielt. Später wurde ihm klar, wie gut er es hatte, als er die Realität noch nicht kannte. Obwohl er nicht viele Fehler hatte, machte er von den wenigen, die er hatte, den denkbar besten Gebrauch. Wenn er sein Leben noch einmal leben dürfte, würde er dieselben Fehler wiederholen – nur früher. 1990 starb er, siebzigjährig, in Kalifornien.

Laurence J. Peter

Schlimmer geht's immer

Das Peter-Prinzip im Lichte
neuerer Forschung

Deutsch von Hainer Kober

Rowohlt

Die amerikanische Originalausgabe erschien 1985 unter dem Titel
«Why Things Go Wrong Or The Peter Principle Revisited»
im Verlag William Morrow and Company, Inc., New York

Die Wiedergabe der Illustrationen erfolgt mit freundlicher
Genehmigung der Zeitschrift *Punch*.
Das Copyright der Abbildungen auf den Seiten 29, 44, 50 und 60
liegt bei *Punch* / Rothco.

Veröffentlicht im Rowohlt Taschenbuch Verlag GmbH,
Reinbek bei Hamburg, Januar 1994
Copyright © 1985 by Rowohlt Verlag GmbH, Reinbek bei Hamburg
«Why Things Go Wrong» Copyright © 1985 by Laurence J. Peter
Umschlagillustration Hans Traxler
Umschlagtypographie Susanne Müller
Gesamtherstellung Clausen & Bosse, Leck
Printed in Germany
1290-ISBN 3 499 19595 X

Für STEPHEN PILE, *der glaubt,*
daß Erfolg überschätzt wird,
und dessen Loblied auf den Mißerfolg
uns allen, die wir an die Grenzen
unserer Kompetenz stoßen,
zum Trost gereichen sollte.

Inhalt

I
Ein Mann mit Prinzip

Das Peter-Prinzip: In einer Hierarchie neigt jeder
Beschäftigte dazu, bis zu seiner Stufe der Unfähigkeit aufzusteigen.   – LAURENCE J. PETER

Zweifel suchen mich heim: Ich bin mir nicht sicher, ob die
Welt von Leuten regiert wird, die unfähig, aber aufrichtig
sind, oder von gerissenen Burschen, die uns an der Nase
herumführen. Betrachten Sie die folgenden Fälle, und Sie
werden mein Dilemma verstehen. Als Professor an der
Universität von British Columbia erhielt ich ein Rundschreiben folgenden Inhalts: «Professoren, die keine eigene Sekretärin haben, mögen sich der Mädchen im zentralen Schreibbüro bedienen.» Im *Courier* von Stoughton,
Wisconsin, stand zu lesen: «Die Forton-Street-Brücke
wurde nach ihrem Einsturz im letzten Herbst repariert. Es
wurden neue Stahlplatten für den Träger angebracht, so
daß sich die Brücke jetzt in dem gleichen Zustand wie vor
ihrem Einsturz befindet.» In einem Stellenangebot hieß
es: «Für die Arbeit an nuklearen Spaltisotopen-Moleku-
larreaktionszählern und Drei-Phasen-Zyklon-Uranium-
Photosynthetisierern Personen ohne Vorkenntnisse gesucht.» Im *San Francisco Examiner* fand sich folgende
Nachricht: «*East Greenwich, R. I.* Sprecher der Verkehrs-
behörde erklären, für den Bautrupp, der die gelbe Stra-
ßenbegrenzungslinie über einen Hundekadaver am Stra-
ßenrand zog, gäbe es keine Entschuldigung.»
Mein Drang nach Wahrheit war unbezwinglich, ich

wollte die tieferen Gründe dafür in Erfahrung bringen,
daß so viele Dinge schiefgehen, obwohl ich selten mit
Sicherheit sagen kann, ob eine dieser unverkennbaren Ma-
nifestationen der Unfähigkeit das Werk eines ehrlich be-
mühten Trottels oder der Trick eines ausgekochten
Schlitzohrs ist.

«Die Suche nach Wahrheit ist wahrhaftig ein Haupt-
spaß.»   – VERNON HOWARD

Freiheit durch schöpferische Unfähigkeit

Meine letzte feste Anstellung in einer etablierten Hierarchie trat ich 1966 als Professor der Erziehungswissenschaft an der Universität von Südkalifornien an. In dieser
Position boten sich mir unzählige Möglichkeiten, über
meine Kompetenz-Stufe hinaus aufzusteigen und ein
Opfer meines eigenen, des Peter-Prinzips zu werden.
Während einer achtundzwanzigjährigen Tätigkeit im Erziehungswesen war ich vom Studenten zum Lehrer aufgestiegen, vom Lehrer zum Fachbereichsleiter, vom Fachbereichsleiter zum Studienberater, vom Studienberater zum
Psychologen, dann zum Leiter der psychologischen Bera-
tungsstelle und schließlich zum ordentlichen Professor. In
jeder dieser Positionen entwickelte ich Kreativität, Selbst-
bewußtsein und Kompetenz, die letzte Stufe aber brachte
die Erfüllung. Die Lehrtätigkeit war hochbefriedigend, in
den Forschungsprojekten konnte ich meine schöpferischen Kräfte entfalten, und die Ergebnisse meiner Untersuchungen gaben mir das Gefühl, etwas zu leisten. Die
Leitung des Zentrums für milieugeschädigte Kinder

verschaffte mir große Befriedigung, und ich lernte ständig etwas hinzu. Ich hatte das Empfinden, in dem von mir gewählten Beruf meine Stufe optimaler Effektivität erreicht zu haben, die mir ständige Erfolgserlebnisse bescherte, weil ich an Projekten arbeiten konnte, die von großem persönlichen Interesse für mich waren.

> «Tu, was du kannst, mit dem, was du hast, dort, wo du bist.» —THEODORE ROOSEVELT

Mein direkter Vorgesetzter wurde versetzt, und man bot mir die Beförderung zum Institutsdirektor an. Überzeugt davon, daß meine damalige Stellung die Verwirklichung eines lange gehegten Traums sei, lehnte ich ab. Freunde und Bekannte ermahnten mich, nichts zu überstürzen und meinen Entschluß noch einmal zu überdenken. Während der folgenden Wochen wurde ich von oben ermutigt und von allen Seiten gedrängt, doch ja die Beförderung anzunehmen. Das Ganze begann mir lästig zu werden, deshalb entschloß ich mich zur Anwendung der schöpferischen Unfähigkeit. Bei dieser Technik erweist man sich mit Absicht in einem Bereich als unfähig, der nichts mit dem eigentlichen Tätigkeitsfeld zu tun hat. Der Vorgesetzte soll davon überzeugt werden, daß man keine Beförderung verdient, obwohl man in seiner derzeitigen Stellung Kompetenz beweist. Das mag schwierig klingen, in der Praxis aber erwies es sich als sehr einfach und amüsant. Einmal in der Woche stellte ich mein Auto auf dem reservierten Parkplatz des Dekans ab, und prompt war von Beförderung keine Rede mehr.

Leider erhielt ich kurz darauf ein Forschungsstipendium, das mir neue Beförderungsangebote eintrug. Abermals rettete mich die schöpferische Unfähigkeit. Als der

Dekan in meinem Büro vorbeischaute, um meinen Rat
zu einem wissenschaftlichen Problem einzuholen, nahm
ich aus einer Schreibtischschublade einen Wurfpfeil und
warf ihn auf eine an der Wand hängende Zielscheibe.
Ich schrieb die getroffene Zahl auf, nahm eine rasche Berechnung vor und beantwortete seine Frage. Er scheint
nie begriffen zu haben, daß ich die Antwort längst parat
gehabt hatte. Das überraschte mich nicht, denn mir
war längst aufgefallen, daß man den Dekan meistens darauf hinweisen mußte, wenn man ihm einen Witz erzählte, damit er wußte, wann er zu lachen hatte. Dieser
Dekan war so humorlos, daß es sogar anderen Dekanen
auffiel.

Ich wußte, daß die Wurfpfeil-Strategie zum Erfolg geführt hatte, als ich hörte, wie er zu jemand anders sagte:
«Der Peter ist ein Genie, aber leider ein Exzentriker.»
Abermals wurden alle Bemühungen, mich zu einer Beförderung zu überreden, eingestellt. Die Institutsleitung
wurde vorübergehend einem Professor übertragen, den
nur noch wenige Monate von seiner Emeritierung trenn-
ten. Mit dem Gespenst eines führungslosen Instituts im
Nacken wurden erneute Anstrengungen unternommen,
mich zu befördern. Bei einer denkwürdigen Fachbereichs-
sitzung merkte ich an der übermäßigen Freundlichkeit
und den ganz und gar unüblichen Schmeicheleien, mit denen ich von allen Seiten bedacht wurde, daß irgend etwas
im Busch war. Der Vorsitzende eröffnete die Sitzung und
verkündete den ersten Tagesordnungspunkt: die Wahl
eines neuen Institutsleiters. Daraufhin versicherte mich jeder Professor seiner vollkommenen Loyalität und Kooperationsbereitschaft, falls ich die Wahl annehmen würde.
Alle erklärten sich bereit, die Stipendiumsanträge, die
Buchführung und all die anderen unangenehmen Arbeiten

zu übernehmen. Ich hätte nichts anderes zu tun, als in meinem Büro zu sitzen, ein paar Papiere zu unterschreiben und den ganzen Ruhm einzuheimsen. Obgleich das Bild, das sie entwarfen, verlockend war und ich nicht an ihrer guten Absicht zweifelte, vergaß ich nicht einen Augenblick den Unterschied zwischen ihren hochherzigen Versprechungen und den Grabenkämpfen, Verleumdungen und kleinlichen Übelnehmereien, die den Institutsalltag prägten. Ich erinnerte mich der alten Weisheit: «Professoren sind so aggressiv, weil ihr Einsatz so gering ist.»

Wie konnte ich das Utopia widerlegen, das sie ausmalten? Wie konnte ich mich gegen so viel Zuneigung, Loyalität, Wertschätzung und Kooperationsbereitschaft zur Wehr setzen? Die Situation verlangte verzweifelte Maßnahmen. Schweigend sah ich mich im Raume um und blickte tief in die bittenden Augen meiner Kollegen. Ich starrte zur Decke, als erwartete ich eine Eingebung von oben. Langsam erhob ich mich und ging zum Fenster, wo ich eine Zigarette und ein Vergrößerungsglas aus der Tasche nahm. Ich bündelte die Sonnenstrahlen auf das Zigarettenende und wartete geduldig, bis sich der Tabak entzündete. Dann führte ich die Zigarette an meine Lippen, nahm einen Zug und atmete genüßlich einen dünnen Rauchfaden aus. Alle Augen ruhten auf mir, als ich langsam an meinen Platz zurückging. Vollkommenes Schweigen hatte sich auf die Sitzung herabgesenkt. Nach einer längeren Pause blätterte der Vorsitzende in seinen Unterlagen, räusperte sich und meinte: «Ich glaube, wir sollten uns nun dem nächsten Punkt der Tagesordnung zuwenden.» Wieder hatte die schöpferische Unfähigkeit den Sieg davongetragen.

Durch umsichtigen Einsatz schöpferischer Unfähigkeit

und durch die Macht negativen Denkens konnte ich auf meiner Stufe der Unfähigkeit verharren, bis der Erfolg des Buches *Das Peter-Prinzip* es mir ermöglichte, mich dem Universitätsbetrieb zu entziehen und meine Untersuchungen unabhängig von jeder hierarchischen Organisation fortzusetzen. Welche Abenteuer ich auf meinem Weg in diesen glücklichen Zustand erlebt habe und welche Ereignisse zur Entdeckung des Peter-Prinzips führten, will ich im folgenden schildern.

Streben nach Kompetenz

Die erste Phase in meinem Ringen um Kompetenz begann 1938, als ich die erste Lehrveranstaltung meines Lehrerstudiums belegte, und dauerte bis 1963. Alle diese Jahre waren erfüllt von Aus- oder Fortbildungskursen. Bedeuteten diese fünfundzwanzig Jahre ununterbrochenen Studiums, daß ich zum Typus des letztlich unfähigen Gelehrten gehörte? Oder war daraus einfach der Schluß zu ziehen, daß es mir länger als anderen am nötigen Durchblick fehlte? Ich werde es wohl nie wissen, erkläre mir aber diese hartnäckige Suche nach Erkenntnis damit, daß mich vom Beginn meiner pädagogischen Laufbahn an die eine Frage fasziniert hat: «Was müssen Lehrer tun, damit Schüler lernen?»

Die Bedeutung dieser Frage ging mir während des Lehrermangels im Zweiten Weltkrieg auf. Ich hatte ein erziehungswissenschaftliches Studium absolviert, und man hatte mir schwarz auf weiß bestätigt, daß ich für das Lehramt qualifiziert sei. Ich glaubte, spezielle Erkenntnisse und Fertigkeiten erworben zu haben, über die die Angehörigen anderer Berufszweige nicht verfügten.

«Was müssen Lehrer tun, damit Schüler lernen?»

«Ich ziehe die Gesellschaft von Bauern vor, weil sie nicht genügend Bildung genossen haben, um falsche Schlußfolgerungen zu ziehen.» – Montaigne

Infolge des Mangels an ausgebildeten High-School-Lehrern wurden auch Personen mit einer vorübergehenden Lehrerlaubnis ausgestattet, die zwar qualifizierte Kenntnisse in einem bestimmten Fach besaßen, aber keine Lehrerausbildung genossen hatten. E. Fitz* unterrichtete dank einer solchen (kriegsbedingten) vorläufigen Erlaubnis in meinem Fachbereich. Als ich bemerkte, daß er einen ganz ähnlichen Unterrichtsstil hatte wie ich und daß die Schülerleistungen in beiden Klassen vergleichbar waren, brachte mich das einigermaßen aus dem Konzept. Was hatte ich in meinem Lehrerstudium gelernt? Warum war

---

* Die Namen einiger Personen sind zum Schutz der Unschuldigen und Schuldigen geändert worden.

ich kein besserer Lehrer als Ben, der nie eine Lehrerausbildungsstätte von innen gesehen hatte? Hatte ich mich selber zum Narren gehalten, als ich glaubte, pädagogische Seminare seien wichtig und dienten der besseren Erfüllung des Lehrerberufs? Diese Fragen weckten mein Interesse an der pädagogischen Befähigung und den Möglichkeiten ihres Erwerbs.

> Tüchtige Lehrer haben Erfolg trotz der psychologischen Theorien, mit denen man sie vollgestopft hat.
> – Pädagogisches Sprichwort

Eine Superkompetente

1943 unterrichtete ich in einem Kellerraum der zentralen Grundschule in Chilliwack in British Columbia in Kanada. In dem anderen Kellerraum führte Mrs. Abel die erste Klasse. Nach meinem Eindruck war Mrs. Abel eine kleine, dickliche Person mittleren Alters, die ihr Haar in einem säuberlichen Knoten auf dem Kopf trug. Jahrein, jahraus sah man sie in einem marineblauen Rock, einer weißen Bluse und schwarzen Straßenschuhen. Das Eindrucksvollste an ihr war die Art, wie sie sich gab und sprach. Stets war eine Aura vollkommener Ruhe um sie, und jedem Gesprächspartner sah sie direkt in die Augen. Der Schulleiter hatte mich darauf hingewiesen, daß die anderen Lehrer nicht mit ihr auskämen, daß sie aber eine hervorragende Lehrerin sei, geliebt und bewundert von den Kindern und Eltern. Später erzählte er mir von seinem Problem: Alle Eltern von Erstkläßlern wollten, daß ihre Kinder in Mrs. Abels Klasse kamen, weil sie im ganzen Schulbezirk als beste Lehrerin für den Erstlese- und Schreibunterricht galt.

Schon nach kurzer Zeit hatte ich begriffen, warum sie nicht mit ihren Kollegen auskam. Sie besuchte nur die unbedingt erforderlichen Dienstversammlungen und vermied allen darüber hinausgehenden sozialen Kontakt. Sie verzehrte ihr Pausenbrot im Klassenraum bei ihren Schülern statt im Lehrerzimmer. Sie erklärte mir, daß sie die beste Grundschullehrerin im Bezirk sei und daß ihre Kollegen keine Ahnung von ihrem Job hätten. Wenn man sie um Hilfe oder Rat fragte, antwortete sie: «Ich habe mir Techniken angeeignet, die auf meinen persönlichen Unterrichtsstil zugeschnitten sind. Warum legen Sie sich nicht Techniken für Ihren Stil zu?» Wenn man sie fragte, wie sie es schaffe, allen ihren Schülern in ein paar Wochen das Lesen beizubringen, während andere Lehrer dafür ein ganzes Jahr brauchten, antwortete sie: «Weil ich bessere Techniken habe als sie.»

> «Ein Lehrer arbeitet für die Ewigkeit. Niemand kann sagen, wo sein Einfluß endet.»   – HENRY ADAMS

Als der Schulleiter merkte, daß ich mich für Mrs. Abel nicht nur interessierte, weil mich ihr eigenwilliges Verhalten neugierig machte, sondern weil ich ihre Fähigkeit bewunderte, erzählte er mir ein bißchen mehr über sie. Sie hatte die örtliche High-School vor vierundvierzig Jahren beendet und dann eine nahe gelegene Pädagogische Hochschule besucht. Daraufhin war sie nach Chilliwack zurückgekehrt und hatte ihre Arbeit als Grundschullehrerin aufgenommen. Seither hatte sie – von drei Jahren abgesehen, in denen sie geheiratet hatte, eine Tochter bekommen hatte und verwitwet war – stets erste Klassen unterrichtet. Trotz des Drängens von Schulräten und anderen Vorgesetzten hatte sie sich hartnäckig geweigert, noch einmal die Universität zu besuchen oder an Fortbildungsmaßnahmen teilzunehmen, um höhere Lehrbefähigungen zu erwerben. Auf solche Ansinnen pflegte sie zu antworten: «Wissen diese Leute ein Quentchen mehr über unseren Beruf als ich?» Wenn man sie aufforderte, einen akademischen Titel zu erwerben, damit man sie befördern könne, erwiderte sie: «Ich will keine Beförderung. Ich will nicht in die Schulverwaltung. Ich möchte mit Kindern arbeiten, nicht mit Erwachsenen.»

> «Warum um alles in der Welt bekommen die Beamten in der Schulverwaltung mehr Geld, wenn es im Grunde um das Unterrichten geht?»
> – GOUVERNEUR JERRY BROWN

Ich weiß nicht recht, warum mich Mrs. Abel in ihren Klassenraum bat und mir ihre Vorstellungen anvertraute, aber schon mein erster Unterrichtsbesuch überzeugte mich davon, daß ich ein pädagogisches Genie an der Arbeit sah. Obgleich die Beobachtungen, die ich in einem Zeitraum von zwei Jahren vornehmen konnte, nur winzige Einblicke in ein glänzend geplantes und hervorragend durchgeführtes Unterrichtsprogramm darstellten, möchte ich einige meiner Eindrücke schildern und vor allem die Erklärungen wiedergeben, die Mrs. Abel zu ihren Methoden lieferte.

Der erste Tag. In den vierziger Jahren waren in diesem ländlichen Gebiet keine Kindergärten und Vorschulen vorhanden. Deshalb begann Mrs. Abel damit, ihre Schüler an den Schulalltag zu gewöhnen. Nachdem die Kinder einen Platz gefunden hatten und begierig auf ihre erste Stunde warteten, hängte sie vorne in der Klasse ein Bild auf, das drei rote Äpfel zeigte. Sie sagte: «Wir wollen einen

Vers zu diesen Äpfeln lernen.» Langsam trug sie vor: «Wie viele Äpfel sehn wir an? Eins, zwei, drei, wer das nicht kann!» Anschließend ließ sie die Klasse das Gedichtchen im Chor hersagen, indem sie den Takt mit der Hand vorgab. Als sie sicher war, daß alle Kinder mitsprachen, drehte sie das Bild um, wobei der Text des Verses auf der Rückseite sichtbar wurde. Im gleichen Takt wie zuvor zeigte sie nun auf die Wörter, während die Kinder den Reim aufsagten. Zum Schluß teilte sie noch hektographierte Abzüge des Verschens aus, und die Kinder sagten ihn erneut auf, wobei sie mit den Fingern auf die Wörter zeigten. Nach diesem ersten Tag verließen fröhliche Kinder die Schule, und ich bin sicher, daß überall in unserem Schulbezirk überraschte Eltern erlebten, wie ihre frischge-

backenen Abc-Schützen auf die Wörter des mitgebrachten
Zettels zeigten und ihr Apfelgedicht «vorlasen».

«Der mittelmäßige Lehrer erzählt. Der gute Lehrer erklärt. Der bessere Lehrer beweist. Der große Lehrer
begeistert.»   – WILLIAM ARTHUR WARD

Dazu erklärte Mrs. Abel: «Ich fange mit Wörtern und
Gegenständen an, die den Kindern vertraut sind. Die
schwerste Aufgabe ihres Lebens – die Beherrschung ihrer
Muttersprache – meistern die Kinder ohne die Schule. Der
Klang des Wortes *Apfel* ist ein Symbol, das keinerlei Ähnlichkeit mit einem Apfel hat. Das gleiche gilt für das Wort-
bild APFEL. Wenn das Kind das Wort sprechen kann,
sollte das Lesen des Wortes keine Schwierigkeit bedeuten.
Deshalb bringe ich den Kindern erst bei, die Wörter zu
sagen, und dann zeige ich ihnen die Wörter.»

Ich wußte zu ihrer Theorie nichts zu sagen, war aber
beeindruckt von den Ergebnissen, die sie erzielte. Syste-
matisch ging sie zu längeren Reimen über und übertrug die
erlernten Wörter auf andere Zusammenhänge. Vom ersten
Tag an lasen die Kinder und machten rasche Fortschritte.
Die Freude über ihre Erfolge war unübersehbar. Die vor-
geschriebene Fibel hatten sie in der Hälfte der vorgesehe-
nen Zeit durch, so daß sie sich weiterer Lektüre zuwenden
konnten.

In jedem Bereich ihres Unterrichts schien Mrs. Abel
einem System zu folgen, das funktionierte. Ihr Programm
war entwicklungspsychologisch so aufgebaut, daß jedes
Kind die elementaren Fertigkeiten erwarb, die es zum Lesen, Schreiben und Rechnen brauchte. Sie besaß eine phä-
nomenale Fähigkeit, alle Kinder im Auge zu behalten und
dafür zu sorgen, daß sie alle wesentlichen Grundfertigkei-

ten erlernten. Auf meine Frage hatte sie eine prägnante und einleuchtende Erklärung zur Hand:

«Ein altes Sprichwort sagt: ‹Das Auge des Bauern macht die Schafe fett.› Das glaube ich gern. Mein Erfolg beruht im wesentlichen darauf, daß ich bemerke, wenn ein Kind Schwierigkeiten hat. Deswegen bleibt kein Kind bei mir in der Klasse zurück. Sobald ein Kind zurückbleibt, können sich die Folgen addieren und zu einer massiven Lernbehinderung aufwachsen. Das Auge des Lehrers beflügelt die Lernerfolge des Kindes.»

Und ein andermal: «Die Leseexperten bilden zwei Lager. Die eine Gruppe schwört auf die Lautlehre als den Königsweg zum Lesenlernen, und die andere ist davon überzeugt, daß die Ganzheitsmethode mehr glückliche kleine Leser hervorbringt. Wie können sich intelligente Erwachsene nur in einen so törichten Streit verzetteln? Ein guter Unterricht muß beide Methoden in sich vereinen, statt sie zu trennen. Nehmen wir das Wort *kann* im Apfelvers. Die Kinder sehen das Wort und sagen es. Mit Hilfe einer anderen Karte spielen wir dann ein Spiel, indem wir das Wort abwandeln: *Mann, dann, Kanne, Kante* usw. Nachdem sie den Umgang mit all diesen Vokalen und Konsonanten gelernt haben, können sie viele kurze Wörter lesen. Dann kombinieren wir einige dieser Wörter, und sie können Wörter lesen wie *Tischkante, Stuhlkante, Milchkanne, Kaufmann* usw. Ich brauche mich nur an ihre Erfahrungen zu halten und an die Gedichte und Geschichten, die wir lesen, um ihren visuellen Wortschatz, ihre wortanalytischen Fertigkeiten und ihren Lautbestand ständig auszubauen. Diese Techniken ergänzen sich in meiner Unterrichtsmethode und sind kein Entweder-Oder, wie die Experten meinen.»

Sie berichtete mir, daß der Schulrat sie vor Jahren aufgefordert habe, Psychologiekurse zu besuchen, und sagte: «Als ich ihn fragte, wozu das gut sein solle, erklärte er mir, es könne mir helfen, die Kinder besser zu verstehen. Ich erwiderte, als Lehrerin sei mir mehr daran gelegen, daß die Kinder mich verstünden.»

Jahrelang hatte sie sich standhaft geweigert, anderen Lehrern in Vorführstunden Einblick in die Geheimnisse ihrer Methode zu gewähren, doch im letzten Jahr vor ihrer Pensionierung wurde sie schwach. Ich teilte meinen Lehrmittelraum mit ihr. Ein paar Tage vor dem großen Ereignis entdeckte ich, daß sie einige der üblichen Materialien ausgegraben und ihre eigenen Lehrmittel weggestellt hatte. Als ich sie danach fragte, erklärte sie: «Ich habe die Sachen, mit denen ich am besten arbeiten kann, versteckt und zeige ihnen nur den Kram, den ich längst nicht mehr verwende. Ich habe vierzig Jahre gebraucht, um meine Methoden zu entwickeln. Warum soll ich es denen so einfach machen?»

Einstellung, Kooperationsbereitschaft, Fortbildungsstand, Einsatz neuer audiovisueller Lehrmittel und erprobter Unterrichtstechniken von Mrs. Abel würden heute wahrscheinlich in den Augen der Schulbehörde wenig Gnade finden. Ich wünschte, sie hätte bereitwilliger Einblick in ihre Unterrichtsmethoden gegeben, wäre offener für neue Ideen gewesen und hätte ihren pädagogischen Horizont erweitert. Doch trotz ihres eigenwilligen Vorgehens und ihrem wenig «professionellen» Gebaren besteht kein Zweifel daran, daß sie zu den wenigen Superlehrern gehörte, die geboren werden. Ihre Schüler kamen mit großer Begeisterung in die Schule, lasen besser und lernten mehr als irgendwelche anderen Erstkläßler, die ich kennengelernt habe.

«Das Unterrichten ist keine vergessene Kunst, doch
die Achtung davor ist eine vergessene Tradition.»
                                    —JACQUES BARZUN

Entscheidend für Mrs. Abels Erfolg war wahrscheinlich
ihre Empfänglichkeit für Rückmeldungen. Sie registrierte
genau, wie ihre Schüler auf ihre Anweisungen reagierten.
Der Lernerfolg der Kinder zeigte ihr, wie effektiv ihre Methoden waren. Ihre Erfahrung sagte ihr, was schlecht war
und was sie in ihrem Unterricht wieder verwenden
konnte. Die kritische Einstellung gegenüber der eigenen
Leistung sorgte für die Effizienz ihres Unterrichts. Jede
Unterrichtserfahrung war für sie eine Lernerfahrung, so
daß ihre Fähigkeit über den gesamten Zeitraum ihrer
Berufstätigkeit zunahm.

«Die meisten Lehrer würden in ihrem Vortrag über die
Navigation fortfahren, während das Schiff untergeht.»
                                    —JAMES H. BOREN

Weitere kompetente Leute

Im Laufe der nächsten zehn Jahre begegnete ich vielen hervorragenden Lehrern. Zum Beispiel Mr. Julius, der ein
ausgeklügeltes System von Simulationsspielen entwickelt
hatte, mit denen er retardierten Kindern viele gesellschaft-
lich wertvolle Fertigkeiten vermittelte – etwa die Fähigkeit, sich zu pflegen und sauber zu halten, sich im Verkehr
zu bewegen und für sich selbst zu sorgen. Den vielen
Schülern in seinen Klassen an der Sonderschule für retar-
dierte Kinder hat er ganz neue Lebensmöglichkeiten er-
schlossen. Auch die Arbeit von Mr. Query, der besonders
begabte High-School-Schüler unterrichtete, flößte mir

Bewunderung ein. Durch spezielle Anforderungen und hartnäckiges Fragen förderte er die überdurchschnittlichen Fähigkeiten seiner Schützlinge. Ann Cestery war eine mitreißende Lehrerin im Fach *Social Studies*, die ihre Schüler Untersuchungen in der eigenen Familie und Gemeinde durchführen ließ. Sie machten das so gut, daß sie Preise der British Columbia Historical Society und des British Columbia Research Councils erhielten. Ich habe mich eingehend mit der Frage beschäftigt, wie diese oder andere außerordentlich erfolgreiche Lehrer ihre hervorragenden Ergebnisse erzielten. In fast jedem Falle war ihre Effektivität das Ergebnis eigenwilliger oder unorthodoxer Methoden und nicht der im Laufe ihrer Ausbildung erworbenen Techniken.

Jahre später las ich von einem Forschungsprojekt über Lehrereffektivität, das James Popham an der Universität von Kalifornien in Los Angeles durchgeführt hatte[*], und war nicht überrascht, als ich die Ergebnisse sah. Mehr als zweitausend Schüler waren von ausgebildeten, geprüften Lehrern unterrichtet worden und von Personen, die fundierte Kenntnisse im jeweiligen Fach besaßen, aber keine pädagogische Ausbildung genossen hatten. Die erste Gruppe nannte Popham *Lehrer*, die zweite *Nichtlehrer*. Hinsichtlich des Lernerfolgs der Schüler gab es keinen statistisch signifikanten Unterschied zwischen Lehrern und Nichtlehrern.

---

[*] W. J. Popham, «Performance Tests of Teaching Proficiency: Rationale, Development and Validation», *American Educational Research Journal*, Januar 1971.

Ein Jahr im Gefängnis

1947 wurde ich Erzieher im Strafvollzug von British Columbia und hatte mich um männliche Gefangene im Alter zwischen siebzehn und dreiundzwanzig Jahren zu kümmern. Bisher hatte ich den Lehrberuf als angenehme und befriedigende Aufgabe empfunden, die mir immer wieder Erfolgserlebnisse verschaffte. Die Arbeit mit Gefangenen erwies sich als niederschmetternde Erfahrung. Viele meiner intelligenteren Schützlinge empfanden das Freizeitangebot als langweilig. Um ihnen ein bißchen Abwechslung zu verschaffen, machte ich sie mit den Anfangsgründen des Schachspiels vertraut. Nach ein paar Minuten wurde Tonys Dame von einem gegnerischen Bauern geschlagen. Tony fragte mich: «Was zum Teufel soll ich jetzt tun? Er hat meine Alte mit seinem verdammten Luden geschnappt.» Nach zehn Minuten Spiel hatte Tony alle Schachausdrücke vergessen, die ich ihm beigebracht hatte.

Auch als Berater hatte ich nicht viel mehr Erfolg. Mario erzählte mir, wie er zu seiner Gefängnisstrafe gekommen war. Jedes Abenteuer, von dem er berichtete, war ein schlagender Beweis für seine kriminelle Unfähigkeit. Beim Diebstahl einer Lastwagenladung Warenhausartikel geriet er in Panik und beruhigte sich mit einer Zigarette. Als er die Packung hervorholte, zog er seinen Führerschein mit heraus, der ihm unbemerkt zu Boden fiel. Ein Einbrecher, der Namen und Adresse am Schauplatz des Verbrechens hinterläßt, stellt die Strafverfolgungsbehörde vor keine große Aufgabe. Ein andermal stahl er eine 750 Kilogramm schwere Rolle Oberleitungsdraht. Da das Wasserwerk den gesamten Oberleitungsdraht der Provinz British Columbia besaß, konnte bei seinem Versuch, den Draht als Altmetall zu verkaufen, nicht verborgen blei-

ben, daß er mit gestohlener Ware handelte. Er wurde fest-
genommen. Bei einem Einbruchsversuch hatte er das Tür-
schloß bereits geöffnet, als er feststellte, daß ihm noch ein
Sicherheitsschloß den Zugang verwehrte. Er brauchte eine
Metallsäge, löste aber die Einbruchssicherung aus, als er in
eine Eisenwarenhandlung einstieg, um sich eine solche
Säge zu verschaffen.

Er schloß die Erzählung seiner kriminellen Mißerfolge
mit den Worten: «Wissen Sie, Mr. Peter, wenn ich so
meine Fehler im Rückblick betrachte, weiß ich endlich,
warum ich heute in Schwierigkeiten stecke.» Das war der
Augenblick der Wahrheit, von dem jeder Berater träumt:
Die Einsicht des Probanden in sein Problem. «Mario»,
sagte ich, «das ist ein Riesenfortschritt. Sie haben erkannt,
wo Ihr Fehler liegt.» Er hob den Kopf, blickte mir in die
Augen und sagte langsam und deutlich: «Ja, mein Fehler
war, daß ich mir einen so miesen Anwalt genommen
habe.»

In einem meiner Tests war eine Lücke zu füllen: «_____
währt am längsten.» Alle Gefangenen fanden die richtige
Ergänzung: *Ehrlich*.

Nach einem Jahr im Gefängnis kehrte ich in den Schul-
dienst zurück. Ich war um eine wichtige Erfahrung rei-
cher: Zwischen dem, was die Menschen wissen, und dem,
was sie tun, gibt es einen großen Unterschied.

Meine Erfahrungen im Gefängnis beeinflußten meine
künftige Berufstätigkeit in zweierlei Hinsicht. Erstens fiel
mir jetzt eine gemeinsame Eigenschaft meiner Schüler auf:
ihr Mangel an Triebkontrolle. Ihre Fähigkeit zu verzöger-
ter Triebbefriedigung schien retardiert. Ich kam zu dem
Schluß, daß ich in meinem Unterricht alles in meinen
Kräften Stehende tun müsse, um eine angemessene Triebkontrolle zu fördern. Zweitens belegte ich Kurse in An-

thropologie, Soziologie und Kriminologie, weil ich wissen wollte, wie Gesellschaft und Kultur normales und kriminelles Verhalten beeinflussen.

Eine glückliche Wendung

1953 erhielt ich ein Forschungsstipendium für eine interdisziplinäre Untersuchung der psychologischen Beratungsstellen, finanziert von der Psychologischen Vereinigung Kanadas, dem Bundesministerium für Gesundheit und der Erziehungsbehörde des Landes. Bei dieser Arbeit wirkte ich als Koordinator der Beratungsstellen eines ganzen Schulbezirks. Während der zehn Jahre, die ich diese Funktion ausübte, hatte ich Gelegenheit, zahllose Lehrer bei ihrer Arbeit im Unterricht zu beobachten. So konnte ich meine Suche nach der Antwort auf die Frage fortsetzen, was die Kompetenz von Lehrern ausmacht. Ich entwickelte ein System, um die speziellen Techniken herauszufinden und zu protokollieren, mit denen Lehrer Lernerfolge ihrer Schüler fördern.

Es war nicht nur Gold, was ich entdeckte

Obwohl ich nach Kompetenz suchte, mußte ich natürlich auch auf einige Fälle von Inkompetenz stoßen. Ty Rade, ein Grundschulrektor, ärgerte sich über den Lärm in den Klassenräumen während der kurzen Pausen, in denen die Lehrer die Räume wechselten. Er stürzte in sein Büro und verkündete über den Schullautsprecher: «Von jetzt an darf kein Lehrer den Klassenraum verlassen, bevor nicht der andere Lehrer eingetroffen ist.» Bea Gin, eine Lehrerin für den Erstleseunterricht, kannte so viele, den eigentlichen Lesekurs vorbereitende Übungen, daß sie den größten Teil der Zeit damit verbrachte, Geschichten zu erzählen, Bilder zu betrachten und Übungen zur visuellen Wahrnehmung durchzuführen. Bevor sie zu den Leseübungen kam, war das Jahr meist schon herum. Alma Mater, die Bibliothekarin einer High School, schätzte nichts so sehr wie den Anblick der geordneten Bücherreihen auf ihren Regalen. Deshalb investierte sie den größten Teil ihrer Energie in den Versuch, die Schüler an der Benutzung der Bücher zu hindern.

Zunächst hielt ich diese Beispiele für ein Abfallprodukt meiner Forschungsarbeiten, doch später erkannte ich, daß sie ein sehr nützliches Nebenprodukt waren. Als ich aufgefordert wurde, von meiner Studie über Lehrerkompetenz zu berichten, benutzte ich einige der amüsanteren Beispiele für Unfähigkeit als komischen Hintergrund für meine ernsthaften Ausführungen.

Mein erstes Beispiel war eine Lehrerin, die ich Miss Dito nannte, weil sie ungefähr so viel Kreativität besaß wie eine Vervielfältigungsmaschine. An der Universität hatte sie sich als eine schlechthin vollkommene Studentin erwiesen. Sie war pünktlich, fügsam und schrieb alles auf, was der Professor erzählte. Ihre Vorlesungsmitschriften sahen aus wie eine Kopie der Vorlesungsnotizen des Professors. Die theoretischen Prüfungen waren keine Hürde für sie, und irgendwie brachte sie auch die Praktika hinter sich. Dann bekam sie eine Planstelle als Lehrerin und erreichte dort ihre Stufe der Unfähigkeit nach unglaublich kurzer Zeit. Obwohl eine fähige Wissenskonsumentin, war sie ein totaler Versager als Wissensvermittlerin. Ihre gründliche Vorbildung führte lediglich dazu, daß sie in jeder Sparte des Fächerkanons entsetzliche Langweile verbreiten konnte. Sie gehörte zu jener Art von Menschen, die alle Anwesenden einfach dadurch zum Aufatmen veran-

Dann bekam sie eine Planstelle als Lehrerin und
erreichte dort ihre Stufe der Unfähigkeit nach
unglaublich kurzer Zeit

Seine Schüler hingen an seinen Lippen

lassen, daß sie den Raum verlassen. Hätte sie nicht rote Haare gehabt, wäre sie völlig farblos gewesen. Trotzdem wird sie nie entlassen werden, denn sie ist pünktlich, fügsam und füllt alle Formulare rechtzeitig aus. Das einzige, was sie nicht kann, ist unterrichten. Deshalb wird sie den Rest ihres Lebens Lehrerin bleiben, die Kinder langweilen, die Eltern nerven und den Schulleiter um den Verstand bringen.

Der Leiter der Schule, Mr. Blunt, war die eklatanteste Fehlbesetzung, die ich je erlebt habe. Er war ein fähiger Student und ein hervorragender Lehrer gewesen. Seine Schüler hingen an seinen Lippen, und Disziplinprobleme kannte er nur vom Hörensagen. Als er Schulleiter wurde, hatte er wenig Verständnis und Sympathie für den Durchschnittslehrer und dessen Sorgen. Er mußte die schmerzliche Entdeckung machen, daß er, der so gut mit den Kindern gekonnt hatte, nichts als Ärger mit den Kollegen und der Schulaufsichtsbehörde erlebte. Er kommt für eine weitere Beförderung nicht in Frage und verbringt den größten Teil seiner Zeit mit der Erinnerung an die gute alte Zeit, als er noch selbst unterrichtete. Aus einem fähigen Lehrer von Kindern wurde ein unfähiger Vorgesetzter von Erwachsenen.

Der zuständige Schulrat, Dr. Pennywise, hielt auf Sparsamkeit in Haushaltsposten wie Kreide, Papier und Buntstiften, während er Unsummen für nicht erprobte elektronische Spielereien verschwendete. Solange er Lehrer war und noch in seiner Zeit als Schulleiter hatte sich seine Frau um die Finanzen gekümmert und ihm ein wöchentliches Taschengeld zugeteilt, doch seit er Schulrat war, verfügte er über einen Haushalt von mehreren Millionen Dollar. Aus einem fähigen Lehrer wurde ein unfähiger Finanzverwalter.

Ein Prinzip erhält seinen Namen

In meinen Vorträgen nannte ich das Phänomen DAS PETER-PRINZIP: In einer Hierarchie neigt jeder dazu, bis zu seiner Stufe der Unfähigkeit aufzusteigen.

Als Prinzip habe ich es bezeichnet, weil es eine Verallgemeinerung oder Tendenz ist, keine Unvermeidlichkeit. Es gibt kompetente Lehrer wie Mrs. Abel, die sich weigern, an dem Wettrennen um die Spitzenpositionen teilzunehmen. Trotz ihres gestörten Verhältnisses zu Erwachsenen hatte man sie aufgefordert, an den für eine Beförderung erforderlichen Fortbildungsmaßnahmen teilzunehmen. In der Lehrerfortbildung oder in der Schulaufsichtsbehörde wäre sie mit Sicherheit ein Opfer des Peter-Prinzips geworden. Das System ermutigt seine Mitglieder, bis zu ihrer jeweiligen Stufe der Unfähigkeit aufzusteigen. Wenn man seine Aufgabe mühelos und effizient meistert, wird man zu hören bekommen, man sei von seiner derzeitigen Position unterfordert und empfehle sich für höhere Aufgaben. Das Problem liegt darin, daß man erst, wenn man in eine Position gelangt ist, der man nicht mehr recht gewachsen ist, mit Beförderungsansinnen verschont wird und dann dort bleibt, schlechte Arbeit leistet, die Kollegen nervt und die Effizienz der Organisation untergräbt.

Eine unerwartete Entdeckung

Als ich öffentliche Vorträge über meine Lehrerkompetenz-Studie hielt und mich des Peter-Prinzips bediente, um meine Darlegungen humorvoll zu untermalen und einige Aspekte der Unfähigkeit zu verdeutlichen, sprach ich lediglich über das Erziehungswesen und meine Untersuchung. Zu meiner Überraschung hörte ich nach der öffentlichen Diskussion von vielen Leuten im persönlichen Gespräch immer wieder Äußerungen wie: «Als hätten Sie unser Unternehmen beschrieben! Ich bin bei Polyglot Chemicals beschäftigt. Dort hat man gerade Gabriel Trumpet befördert, was aus unserem besten Verkäufer den schlechtesten Vertriebsleiter gemacht hat, den man sich vorstellen kann.» Eine Krankenschwester fragte mich einmal: «Haben Sie Ihre Untersuchung im Central Hospital durchgeführt? Dort ist Dr. Nostrum vom Arzt zum Direktor befördert worden. Er hat seine ärztliche Kunst mit der Kunst totaler Mißwirtschaft vertauscht.» Ein Luftwaffenoffizier äußerte sich besorgt über meine intime Kenntnis interner militärischer Vorgänge und Verfahren. So ging es mir bei jedem Vortrag: Ich sprach über das kanadische Erziehungssystem, und meine Zuhörer glaubten, ich beschriebe ihre Organisation.

Ein universelles Phänomen

Natürlich fragte ich mich, ob jede Hierarchie wie das Schulsystem funktioniert. Deshalb blickte ich mich in anderen Organisationen um. Die Ergebnisse waren äußerst aufschlußreich. Bei einem Besuch in einer öffentlichen Bücherei stellte ich fest, daß alle Bücher über Schwangerschaft in einem Regalfach dicht über dem Boden standen, wo die Benutzerinnen, die sie wahrscheinlich am dringendsten brauchten, sie nicht sehen konnten. In einem großen Verlag bestellte ich ein Buch über Unfähigkeit im Geschäftsleben. Zwei Wochen später erhielt ich einen Brief, in dem es unter anderem hieß: «Wir danken Ihnen für Ihre Bestellung und wünschten, ihr umgehend nachkommen zu können, aber leider führen die Verbesserungen in unserem Lieferverfahren zu Verzögerungen im Versand.» Ich las in Vance Packards Buch *Die große Verschwendung* von Herstellern, die die Haltbarkeit ihrer Produkte absichtlich gering machen. Bevor ich mit der Lektüre dieses Buches über Unfähigkeit im Geschäftsleben fertig war, löste sich der Einband, und die Seiten fielen heraus.

Ich fragte leitende Angestellte innerhalb und außerhalb des Erziehungswesens nach ihrer Beförderungspolitik. Cap Preece, ein Schulrat, brachte die herrschende Auffassung auf einen knappen Nenner, als er erklärte: «Jeder, der fähig ist, kommt für eine Beförderung in Frage.» Jeder leitende Angestellte, den ich befragte, war der Meinung, Kompetenz verdiene Beförderung und Inkompetenz müsse dem weiteren Aufstieg Schranken setzen. Niemand schien zu begreifen, daß in einem System, in dem erst die Inkompetenz der weiteren Beförderung ein Ende setzt, jeder erst auf seiner Stufe der Unfähigkeit seine Endplazierung finden kann.

Aufwärts in der Hierarchie

1964 wurde ich Professor für Erziehungswissenschaft an der Universität von British Columbia, wo ich die Dinge lehrte, die ich über Lehrerkompetenz in Erfahrung gebracht hatte. Dieser bescheidene Anfang wuchs sich zu einem zehnjährigen Programm aus, das ich an der Universität von Südkalifornien beendete. Die Lehrerkompetenz blieb mein beruflicher Interessenschwerpunkt, bis ich in den Ruhestand ging.

Während meiner Zeit an der Universität von British Columbia besuchte ich ein Einakter-Festival am Metro Theatre in Vancouver. Das Bühnenbild eines der Stücke war ein sinkendes Schiff, das in einem Sturm auf ein Riff gelaufen war. Die Schauspieler mußten synchron über die Bühne taumeln, um den Eindruck eines schwankenden Schiffes hervorzurufen. Der Hauptdarsteller des Stückes wandte dem Publikum ständig den Rücken zu und schwankte beharrlich im Gegentakt zu den übrigen Schauspielern. Auch machte er scheinbar unmotivierte Gesten in die Kulissen. Während der folgenden Pause traf ich meinen Freund, den Bühnenautor Raymond Hull. Als ich ihn fragte, ob er Näheres über die merkwürdige Aufführung wisse, die wir gerade erlebt hatten, antwortete er: «Ja, der Schauspieler in der Hauptrolle ist eigentlich ein guter Darsteller. Sein Problem ist, daß er dieses unmögliche Stück geschrieben hat und daß er darin sowohl als Darsteller wie auch als Regisseur fungiert. Gelegentlich vergißt er, daß er mitspielt und dreht dem Publikum den Rücken zu, um seinen Mitspielern Regieanweisungen zu geben. Die merkwürdigen Gesten sind Signale, die für die Beleuchter und Bühnenarbeiter hinter den Kulissen bestimmt sind.»

«Er ist ein Opfer des Peter-Prinzips», sagte ich. «Ein

fähiger Schauspieler, der als Bühnenautor und Regisseur seine Stufe der Unfähigkeit erreicht hat.» Ray schien dieser Gedanke zu faszinieren, und er meinte, ich hätte ihm einen Schlüssel zu all der Unfähigkeit geliefert, der er in seinem Leben begegnet sei.

In seiner Einführung zum *Peter-Prinzip* schildert Ray seine Reaktion auf meine Erklärung:

«Die Pause war so kurz, daß er nicht mehr tun konnte, als meine Neugier zu wecken. Nach der Vorstellung besuchte ich ihn jedoch zu Hause und lauschte bis drei Uhr morgens seiner klaren und aufregend originellen Darstellung einer Theorie, die endlich meine Frage beantwortete: Warum Unfähigkeit, warum Inkompetenz?

Dr. Peter entlastete Adam, Agitatoren und den Zufall und prangerte eine Eigenheit unserer Gesellschaft als die alleinige Antriebskraft der Unfähigkeit an.»

Ray drängte mich, ein Buch über meine Entdeckung zu schreiben, aber ich weigerte mich, weil ich zu tief in meinem erziehungswissenschaftlichen Projekt steckte und weil ich gerade ein Lehrbuch schrieb, in dem es um die Umsetzung medizinischer, psychologischer und sozialer Erkenntnisse in didaktisch-methodische Ansätze ging. Ray machte geltend, daß die Gesellschaft ein Buch über das Peter-Prinzip brauche, und schlug vor, es mit mir zusammen zu schreiben. Ich war einverstanden und gab ihm meine Unterlagen über Unfähigkeit, meine Vorlesungsnotizen und meine Aufsätze über das Thema. Im folgenden Jahr kamen Ray und ich häufig zusammen, um an dem Buch zu arbeiten. Als wir das Gefühl hatten, daß in dem Manuskript genau das stand, was wir sagen wollten, schickte ich es einem großen Verlag.

Ein Opfer des Peter-Prinzips

Im ersten Ablehnungsbrief stand unter anderem zu lesen: «Mit Bedauern muß ich Ihnen mitteilen, daß ich für ein solches Buch keine Marktchancen sehe, weshalb ich Ihnen auch keinerlei Hoffnungen machen kann. Ich glaube nicht, daß das Buch in irgendeine unserer Verlagsabteilungen paßt. Ich kann mir nicht vorstellen, daß es auf ausreichendes Interesse bei einer breiten Öffentlichkeit stoßen würde, um eine Veröffentlichung in einem Publikumsverlag zu rechtfertigen.»

In den nächsten Jahren schickte ich das Manuskript an dreizehn Verlage. Einige Ablehnungen waren Formbriefe, doch andere Verleger nahmen sich die Zeit, mir zu erklären, warum ihnen das Buch nicht gefiel. Einer meinte: «Sie dürfen ein so ernstes Thema nicht so leichtfertig abhandeln.» Ein anderer rügte: «Wenn Sie eine Komödie schreiben, darf sie nicht so viele tragische Fallstudien enthalten.» Wieder ein anderer schrieb: «Ich könnte das Buch vielleicht herausbringen, wenn Sie sich dazu entschließen könnten, es so umzuarbeiten, daß es entweder ein humoristisches Buch oder eine ernsthafte wissenschaftliche Arbeit wird.» Ein Verleger, dem das Buch gefiel, legte es seinem Lektorat vor. Er berichtete mir, daß die Lektoren sich nicht entscheiden konnten, wie das Buch einzuordnen sei, und es deshalb ablehnten.

Wenn man mich um eine Stellungnahme zu dem Manuskript bat, behauptete ich, es sei eine Satire. Gewöhnlich antwortete man mir dann: «Ich glaube nicht, daß es eine Satire ist. Ich glaube, Sie meinen es ernst.» Ich war verblüfft, daß es so viele Leute im Verlagsgeschäft gab, die keine Ahnung hatten, was eine Satire ist. Ich mußte ihnen erklären, daß es sich bei der Satire um eine literarische

Gattung mit ernsthaftem Anliegen und humoristischer Darstellungsform handelt. Es geht darum, die Wahrheit in komischer Manier zu erzählen. Meine Erklärungsversuche schienen nichts zu fruchten. Ich erinnere mich an einen Verleger, der sich meine Ausführungen geduldig anhörte, den Kopf schüttelte und meinte: «Das ist doch alles bloße Theorie. Was ich wissen möchte, ist, ob Sie es ernst meinen oder nicht.» Dem Mann war nicht zu helfen.

Da die Verleger noch nicht reif für das Buch waren, beschlossen Raymond Hull und ich, einige Artikel über das Peter-Prinzip zu schreiben und abzuwarten, welche Reaktion sie hervorrufen würden. Die Artikel erschienen im *Esquire* und anderen großen Zeitschriften und wurden mit Interesse aufgenommen.

Bald darauf zog ich nach Los Angeles, wo Marshall Lumsden, ein Redakteur der *Los Angeles Times*, einen meiner Artikel las und mich bat, darüber für seine Zeitung zu schreiben. In diesem Artikel befaßte ich mich mit dem gerade fertiggestellten Zoo von Los Angeles. Bevor der Zoo eröffnet werden konnte, wurden Änderungsmaßnahmen notwendig, die viele Tausend Dollar verschlangen. Eine gefährliche Fußgängerbrücke über dem Nashorngehege mußte auf kostspielige Weise entfernt werden. Der Graben, der die Löwengrube einfaßte, war so schmal, daß die Löwen ihn überspringen konnten. Die Zoodirektion schien nach dem Laisser-faire-System zu arbeiten. Die vielen Pannen machten den Zoo zu einem ausgezeichneten Beispiel für das Peter-Prinzip. Bei der *Times* gingen mehr als vierhundert zustimmende Leserbriefe ein. Ein Leser war Lawrence Hughes, der Präsident des William Morrow-Verlags. Er fragte bei mir an, ob ich schon einmal daran gedacht hätte, ein Buch über das Peter-Prinzip zu schreiben. Da entstaubte ich das alte Manuskript und schickte es ihm.

Das Buch erschien im Februar 1969 und hatte Ende Juli den ersten Platz der Bestseller-Liste in der *New York Times* erklettert, wo es sich ein halbes Jahr behauptete. Später war es monatelang der Bestseller unter den Taschenbüchern. Es wurde übersetzt, erschien in siebenunddreißig ausländischen Verlagen und wurde ein internationaler Bestseller. Sowohl das *Wall Street Journal* als auch die Sozialistische Arbeiterpartei Amerikas lobten das Buch in höchsten Tönen, und es wurde in kapitalistischen wie in kommunistischen Ländern eifrig gelesen. Es regte eine Anzahl ernsthafter Forschungsprojekte an, und jede Untersuchung bestätigte meine Beobachtungen.

Das Prinzip löst Probleme

Der Erfolg des Buches löste drei schwierige Probleme, denen ich mich gegenübersah. Erstens: meine erziehungswissenschaftliche Forschungsarbeit befand sich in einer Phase, in der ich ohne finanzielle Hilfe nicht weiterkam. Mein pädagogisches Zentrum für milieugeschädigte Kinder ermöglichte meinen Mitarbeitern und mir eine genaue Beobachtung der Lehrer-Schüler-Interaktionen. Wir konnten die wirksamen Lehrerverhaltensweisen audiovisuell aufzeichnen und auf diese Weise positiv verstärken. Ich finanzierte die Arbeit am Zentrum und meine Forschungsarbeiten aus eigener Tasche, aber diese Projekte waren so weit gediehen, daß sie allmählich meine finanziellen Mittel überstiegen. Als alle meine Bitten um Unterstützung bei Regierungsstellen und privaten Stiftungen abschlägig entschieden wurden, war mir klar, daß ich als Geldmittelbeschaffer meine Stufe der Unfähigkeit erklommen hatte.

Die Honorare für *Das Peter-Prinzip* ermöglichten mir, meine Forschungsarbeiten abzuschließen.

Zweitens: bei dem Versuch, auf meiner Stufe der Fähigkeit zu verharren, hatte ich das Mittel der schöpferischen Unfähigkeit bis zum äußersten strapaziert. Nach der Veröffentlichung des *Peter-Prinzips* wurden mir keine Beförderungen mehr angeboten. Die Verwaltungsbeamten wollten niemanden in ihrer Mitte haben, der sie nicht ernst nahm. Offensichtlich stellte das Buch die höchste Steigerung der schöpferischen Unfähigkeit dar. Als ich 1974 aus meinem akademischen Amt ausschied, war das meinen Kollegen noch nicht einmal eine kleine Feierstunde wert. Seither arbeite ich in göttlicher Unabhängigkeit frei von hierarchischen Verpflichtungen und Einschränkungen.

Obgleich mir das Prinzip in mancherlei Weise geholfen hatte, war ich gegen sein konkretes Wirken nicht gefeit. Nach meinem Rückzug in den Ruhestand bezogen wir ein kleines, angejahrtes Haus am Meer. Es war äußerst reparaturbedürftig. Ein Problem war ein Fenster in meinem Arbeitszimmer, das sich nicht öffnen ließ. Ich ließ einen Tischler kommen, der es reparierte und eine neue Fensterbank anbrachte. Als er fertig war, ließ sich das Fenster öffnen, aber nun funktionierte das Licht nicht mehr. Der Elektriker entdeckte, daß ein Nagel in eine elektrische Leitung eingedrungen war und einen Kurzschluß verursacht hatte. Er reparierte die Leitung, und die Lichter gingen wieder, aber später entdeckte ich, daß der Elektriker, als er das Fensterbrett wieder angenagelt hatte, einen Sprung in der Fensterscheibe verursacht hatte. Der Glaser setzte eine neue Scheibe ein, und nun mußte ein Maler die ganze Arbeit abschließen. Ich hielt das aufwendige Unternehmen für geglückt, bis ich feststellte, daß das Fenster durch die Farbe verklebt war und sich nicht öffnen ließ.

Eine neue Wissenschaft

Durch meine Untersuchung von Beförderungsstrategien innerhalb von Organisationen wurde mir klar, daß solche Hierarchie-Forschungen tatsächlich eine neue Wissenschaft darstellten. Ich gab ihr den Namen *Hierarchologie*. Da wir alle zur Schule gehen, in Hierarchien arbeiten und von ihnen beherrscht werden, ist das Verständnis dieses jüngsten Zweigs am Baum der Gesellschaftswissenschaften von großer Bedeutung für uns.

2
Recht und Unordnung

> «In seiner majestätischen Gleichheit verbietet das Gesetz allen Menschen, unter Brücken zu nächtigen, auf den Straßen zu schlafen und Brot zu stehlen – den Reichen genauso wie den Armen.»
> – ANATOLE FRANCE

Menschliches Zusammenleben kennt zwei Arten von Gesetzen. Erstens gibt es die Maximen, Regeln, Theorien, Sprichwörter und Prinzipien, die menschliches Verhalten beschreiben:

Adesches Gesetz: «Jeder kann gewinnen, es sei denn, die Startbedingungen werden verändert.»
Roginsche Regel: «Man kriegt immer mehr als genug von dem, was man nicht haben will – zum Beispiel Schulden.»
Barnumsche Theorie: «Wenn man alle Menschen eine Zeitlang an der Nase herumführen kann, reicht das.»

Solche Gesetze sollen uns helfen, mit den komplizierten Verhältnissen in der menschlichen Gesellschaft und mit der Widersinnigkeit der Natur fertig zu werden. Die zweite Art von Gesetzen sind die formellen Rechtssätze, denen der Staat Geltung verschafft, um dem Verhalten der Menschen innerhalb seines Machtbereichs vernünftige Grenzen zu setzen.

Allgemeingültige Gesetze

Seit 1970 ist eine Fülle von Gesetzen veröffentlicht worden, die uns helfen sollen, über die Schwächen, Mißstände, die Zeitverschwendung, die Tolpatschigkeit und das allgemeine Durcheinander der modernen Gesellschaft zu lachen oder mit diesen Mißlichkeiten fertig zu werden. Obwohl viele dieser Gesetze aus genauer Beobachtung erwachsen und geistreich formuliert sind, entstanden die drei bekanntesten vor 1970: Murphys Gesetz, Parkinsons Gesetz und das Peter-Prinzip.

Alles begann damit, daß 1949 der Luftwaffenoffizier Captain Edward A. Murphy, jr., seines Zeichens Konstrukteur am Wright Field Aircraft Lab, eine Ausrüstung entwickelte, die, von einem Testpiloten getragen, messen sollte, wieviel Beschleunigung der menschliche Körper aushalten kann. Der Meßwandler war mit sechzehn Sensoren versehen, die die Belastung messen sollten. Hören wir in Ed Murphys eigenen Worten, was geschah:

«Ich war der Meinung, die Entwicklung sei abgeschlossen, und schickte meinen Meßwandler zum Luftwaffenstützpunkt in Muroc, wo die Luftwaffe Absturzuntersuchungen durchführte. Sie brachten das Gerät auf einem Raketenschlitten an, auf dem John Paul Stapp saß, damals ein Footballstar und später bekannt als der ‹schnellste Mensch der Welt›, weil er mit einem Raketenschlitten mehr als 950 km/h erreichte.

Als nächstes hörte ich, daß der Test schiefgegangen war und daß man meinen Meßwandler dafür verantwortlich machte. Da es eine sehr teure Panne war, hielt ich es für das beste, persönlich nach dem Rechten zu schauen, um sowohl meinen Namen als auch meinen Meßwandler reinzuwaschen.»

Murphy erklärt dann, er habe sogleich vermutet, daß die Störungsquelle der Anschluß des Dehnungsmessers gewesen sei. «Ein Dehnungsmesser läßt sich nur auf zwei Arten anschließen: auf die richtige Art oder in 90 Grad Abweichung von der richtigen Art.»

Bei seinen Nachforschungen in dem Luftwaffenstützpunkt stellte Murphy fest, daß der Dehnungsmesser, wie er vermutet hatte, falsch angeschlossen worden war. Er sagte, daß ein Techniker, wenn er die Möglichkeit habe, etwas falsch zu machen, es auch tun werde.

Zufällig war George E. Nichols, ein Projektmanager bei Northrop, zugegen, als Murphy seine Äußerung tat, und gab ihr den Namen «Murphys Gesetz». Hinweise auf das Murphysche Gesetz in technischen Veröffentlichungen machten den Begriff in der ganzen Welt bekannt. Heute wird Murphys Gesetz praktisch auf jeden Bereich menschlicher Tätigkeit angewendet, in dem es auf Zuverlässigkeit ankommt.

Vermutlich weil Edward Murphy sein Gesetz nicht aufgeschrieben hat, sondern es eher zufällig in die Welt gebracht hat, ist es im Laufe der Jahre auf mannigfaltige Weise formuliert worden. Seine bekannteste Version lautet:

> *Murphys Gesetz:* Alles, was schiefgehen kann, geht schief.

Heute arbeitet Murphy als Sicherheitsingenieur der Hughes Helicopter Inc. und scheint seine stille Freude zu haben an all den Büchern und Kalendern, die seinen Gedanken verbreitet, ihm aber nie einen Pfennig eingebracht haben.

Kürzlich hat mir Ed Murphy in einem Gespräch erklärt,

Alles, was schiefgehen kann, geht schief

daß er seine Behauptung völlig ernst gemeint habe. Sie sollte eine Ermahnung an die Adresse von Erfindern und Ingenieuren sein, ihre Apparate so zu konstruieren, daß es schwierig oder unmöglich ist, sie falsch zu bedienen. Außerdem stellte er mit großem Nachdruck fest, daß er an jenem Tage in Wahrheit etwas ganz anderes gesagt habe. Seine Formulierung und damit die authentische Form des Murphy-Gesetzes habe gelautet: «Wenn es zwei oder mehr Möglichkeiten gibt, etwas zu tun, und wenn eine dieser Möglichkeiten zu einer Katastrophe führt, dann wird sich irgend jemand für genau diese Möglichkeit entscheiden.» Selbst Murphys Gesetz wurde ein Opfer des Murphy-Gesetzes.

Am 19. November 1955 veröffentlichte Professor C. Northcote Parkinson auf den Seiten des ehrwürdigen Londoner *Economist* einen Artikel über ein Gesetz, das er bei einer Untersuchung der britischen Admiralität und des Kolonialministeriums entdeckt hatte.

> *Parkinsons Gesetz:* Arbeit dehnt sich immer so aus, daß sie genau die Zeit braucht, die man für sie erübrigen kann.

Die tiefe Wahrheit dieses Gesetzes wurde sogleich erkannt. Als 1957 Parkinsons erstes Buch erschien, erreichte sein Gesetz einen noch höheren Verbreitungsgrad. Seine Geltung für alle Bürokratien der Welt wurde vorbehaltlos anerkannt.

Parkinson war – so hören wir in der Beschreibung seiner Entdeckung – Geschichtsprofessor an der Universität von Malaysia, als diese englische Kolonie sich anschickte, ein unabhängiger Staat zu werden. Aus diesem Grunde wurden ein neuer Radiosender, eine neue Universität und ein neuer Lehrplan für den Geschichtsunterricht erforderlich. Es dauerte nicht lange, und Parkinson saß in zweiunddreißig Ausschüssen. Aus dieser Zeit stammen viele seiner Beobachtungen über Ausschußarbeit. Die meisten seiner Beobachtungen bestätigten den alten Merkvers:

> In Ausschüssen von zwanzig
> werden die Dinge ranzig,
> in Ausschüssen von zehn
> mag manches gehn,
> doch die meisten Entschlüsse
> treffen die Einerausschüsse.

Dieser bürokratische Anschauungsunterricht in Malaysia erinnerte ihn an seine Erfahrungen als Generalstabsoffizier während des Zweiten Weltkriegs. Er hatte beobachtet, daß in Kriegszeiten binnen zwei Wochen eine Organisation aufgebaut werden kann, für deren Schaffung man in Friedenszeiten Jahre benötigen würde. Die Entstehung, das Wachstum und die Wucherungsprozesse einer Kriegsbürokratie sind so ausgeprägt, daß sie sich für Untersuchungszwecke geradezu anbieten.

Als Beispiel berichtet Parkinson von dem einfachen Soldaten, der den Auftrag hatte, Luftaufnahmen auszuwerten. Zwei Tage später meldete er sich und erklärte, er brauche noch einen Mann zur Hilfe, da es zu viele Fotografien seien. Außerdem bat er um die Beförderung zum Gefreiten, damit er seiner Hilfskraft vorgesetzt sei. Diesen vernünftigen Bitten wurde stattgegeben, und innerhalb von drei Monaten befehligte er einen Stab von fünfundachtzig Leuten, war zum Oberstleutnant aufgestiegen und warf keinen Blick mehr auf Luftaufnahmen, weil ihm seine Verwaltungsaufgaben dafür keine Zeit mehr ließen.

Sein Gesetz leitete Parkinson aus zwei scharfsichtigen Beobachtungen des öffentlichen Dienstes ab: 1. Ein Beamter hat stets den Wunsch, die Zahl seiner Untergebenen und nicht die seiner Konkurrenten zu vermehren; 2. Beamte machen sich gegenseitig Arbeit.

Stan Patt, ein typischer Bürokrat, hielt sich für überlastet und stellte nicht einen Assistenten ein – der sein Nachfolger hätte werden können –, sondern zwei Untergebene, Bea Guile und Sue Port. Nun sicherte er seine Position, indem er die Arbeit so aufteilte, daß allein er den Überblick behielt. Da sich diese Angestellten gegenseitig Arbeit machten, kam Bea Guile zu dem Schluß, daß sie überlastet sei, und verlangte zwei Assistenten für sich. Wenn Stan Patt Reibereien in seiner Abteilung vermeiden wollte, mußte er auch zwei Assistenten für Sue Port anfordern. Nun leisteten sieben Beamte die Arbeit, die vorher einer allein geschafft hatte. Die sieben hielten sich gegenseitig so sehr in Atem, daß sie alle ausgelastet waren und Stan Patt mehr zu tun hatte als je zuvor.

Parkinsons Gesetz besagt, daß die Pyramide der Regierungsbürokratie ständig wächst und die Zahl der Mitarbeiter notgedrungen zunimmt, gleichgültig ob es mehr Arbeit, weniger Arbeit oder gar keine Arbeit gibt.

Ich bin C. Northcote Parkinson nur ein einziges Mal begegnet, doch in unserem kurzen Gespräch lernte ich ihn als einen intimen Kenner der Ausschußarbeit kennen. Ich war fasziniert, aus seinem Mund zu hören, wie solche Gremien aus dem Keim einer simplen Idee entstehen, wie das Samenkorn des ursprünglichen Konzepts sprößt und wächst wie ein Baum, Zweige ausbildet, Früchte trägt, neue Samen hervorbringt und schließlich eine ganze neue Generation von Ausschüssen ins Leben ruft. Eines wurde mir klar: Parkinsons Gesetz war das Ergebnis sorgfältiger Beobachtungen, geläutert durch die Arbeit eines schöpferischen Geistes.

Was haben Murphys Gesetz, Parkinsons Gesetz und das Peter-Prinzip gemeinsam? Sie alle sind aus der Beobachtung konkreter Ereignisse erwachsen und dann auf eine Stufe der Verallgemeinerung gehoben worden, durch die die ursprünglichen Ereignisse eine neue Bedeutung erhielten. Warum haben diese Gesetze soviel Erfolg? Jedes von ihnen erfaßt einen Teil der komplexen menschlichen Erfahrung und bringt sie auf eine kurze, verständliche und einprägsame Formel. Warum werden sie allgemein anerkannt? Jedes enthält eine tiefe Wahrheit, die überall auf der Welt gilt, unabhängig von politischen Systemen, Konfessionen und Rassenunterschieden. Es sind Gesetze, die über nationale und kulturelle Grenzen hinwegreichen.

Spieglein, Spieglein an der Wand

Die einzige vollständige Weltkarte ist die Welt selbst, und doch kann uns ein Globus oder eine Straßenkarte gute Dienste leisten. Genauso muß das Peter-Prinzip, wie ich glaube, nicht alles erklären, um uns nützliche Erkenntnisse und praktische Hilfen zu liefern.

Einmal habe ich mich im Vorbeigehen im Spiegel erblickt, mich nicht sogleich erkannt und zu lachen begonnen, bevor mir klar wurde, was ich da tat. Oft sind solche Augenblicke der Ursprung ungeschminkter Selbsterkenntnis. Das Peter-Prinzip ist ein Spiegelbild der menschlichen Schwächen. In einem Augenblick heiterer Stimmung sehen wir uns im Spiegel und vermögen zu erkennen, daß unsere Ambitionen uns eher in die Unfähigkeit als an das Ziel unserer Wünsche führen. Wenn ein Gesetz uns dazu bringt, innezuhalten, nachzudenken und Alternativen in Erwägung zu ziehen, ist es mehr als nur die Erklärung dessen, was geschehen ist, dann erhellt es die Zukunft und beeinflußt die kommenden Ereignisse.

Corollarien

Ein Corollarium ist der Folgesatz einer Aussage. Die Corollarien des Peter-Prinzips können uns vielleicht mehr Folgerungen oder Anwendungsmöglichkeiten des Grundgedankens zeigen. Es folgt eine kleine Zusammenstellung, während die übrigen Corollarien über das ganze Buch verteilt werden.

COROLLARIUM 1: Die Sahne steigt, bis sie sauer wird.
COROLLARIUM 2: Für jeden Posten der Welt gibt es irgendwo irgend jemand, der ihm nicht gewachsen ist.

Durch eine hinreichende Anzahl von Beförderungen wird dieser Jemand den Posten bekommen.

COROLLARIUM 3: Auch eine Reise über Tausende von Kilometern endet mit einem einzigen Schritt.

COROLLARIUM 4: Alle brauchbare Arbeit wird von denen getan, die noch nicht ihre Stufe der Unfähigkeit erreicht haben.

Die Gesetze des Landes

Je tiefer das Peter-Prinzip unsere Institutionen durchdringt und je mehr Menschen die Stufe ihrer Unfähigkeit erreichen, desto dringender wird das Bedürfnis nach Reglementierung. Eine Gruppe fähiger Leute braucht nur ein paar allgemeine Richtlinien und klare Zielvorgaben, um gute Arbeit zu leisten. Unfähige Angestellte brauchen Vorschriften, die ihren Aktionsradius eingrenzen. Regeln schaffen keine Kompetenz, aber sie schützen die Hierarchie, auch wenn die Vorschriften ihre eigene, wuchernde Hierarchie der Inkompetenz bilden. Das ist der Fall, wenn die einfachste Aufgabe so mit Vorschriften überhäuft ist, daß ihre Ausführung praktisch unmöglich wird.

Die Aufgabe, eine falsche Postleitzahl zu ändern, mag auf den ersten Blick ganz leicht erscheinen. Man streicht die falsche Zahl aus und setzt statt dessen die richtige ein. In Washington sieht man die Sache ganz anders. Die Anweisung der Oberpostdirektion zur Korrektur einer falschen Postleitzahl lautet wie folgt:

1. Das US-Handelsministerium, Abteilung Umweltforschung, hat die Oberpostdirektion davon in Kenntnis gesetzt, daß die Postleitzahl für ihre Außenstelle in

*Unfähige Angestellte brauchen Vorschriften, die ihren
Aktionsradius einschränken*

Boulder, Colo., in den Abschnitten 73.711, 73.1030
und 74.12 der Posterlasse falsch ausgedruckt ist.
2. Die Postleitzahl in den Abschnitten 73.711 (c) (2),
73.1030 (b) (2) und 74.12 (c) (2) ist wie folgt zu korrigieren: Boulder Colorado 80303.
3. Wir gehen davon aus, daß die hier verfügte Erlaßän-
derung dem öffentlichen Interesse dient. Weitere Verordnungen, Bekanntmachungen und Verwaltungsakte
sind gemäß 5. U.S.C. 533 (b) (3) (B) des Verwaltungs-
rechts nicht erforderlich, insofern als diese Änderung
keine zusätzliche Belastung schafft und keine Fragen
aufwirft, die der Kommentierung bedürfen.
4. Deshalb wird hiermit verfügt, daß gemäß den Abschnitten 4 (1), 303 (4) und 5 (a) (1) des geänderten
Postgesetzes von 1934 und Abschnitt 0.281 der Post-
verordnung die Abänderung, wie in Absatz 2 erläutert, mit dem 10. November 1978 in Kraft tritt.

In der Gesetzgebung haben wir den Triumph der Quantität über die Qualität zu höchsten Höhen geführt. Immer wenn eine Interessengruppe der Meinung ist, daß irgendwo ein Mißstand durch gesetzgeberische Maßnahmen beseitigt werden muß, steht uns ein kompliziertes Gesetzeswerk ins Haus. Die Absicht mag die beste sein, aber die Wirkung ist nicht Effektivität und Überschaubarkeit, sondern ein immer dichter werdender Paragraphendschungel, der manchmal schon groteske Züge annimmt.

> «Gesetze werden geschaffen, um den Menschen Schwierigkeiten zu bereiten, und je mehr Schwierigkeiten sie machen, desto länger stehen sie in den Gesetzbüchern.» — FINLEY PETER DUNNE

Wie das Gesetz es befiehlt

Die Abteilung für Alkohol, Tabak und Feuerwaffen im amerikanischen Schatzamt hat das Formblatt F 4473 herausgegeben, auf dem der Verkauf einer Handfeuerwaffe festzuhalten ist. Abschnitt A muß vom Käufer persönlich ausgefüllt werden. Dort wird gefragt: «Befinden Sie sich auf der Flucht vor der Strafverfolgungsbehörde?»

> «Wenn wir wollen, daß Verbrechen sich nicht auszahlen, müssen wir sie der Regierung überlassen.» — IRENE PETER

In Colorado beträgt die Höchststrafe für die Zerstörung eines Hauses durch Brandstiftung zwanzig Jahre, durch Sprengstoff dagegen nur zehn Jahre. Die schwerste Strafe für den Diebstahl eines Hundes ist zehn Jahre, für das Töten eines Hundes aber sechs Monate oder 500 Dollar.

Ein Gesetz im Mohave County in Arizona verfügt, daß jeder, der beim Diebstahl von Seife ertappt wird, sich mit dieser zu waschen hat, bis sie verbraucht ist.

Die Gemeinde Lakefield in Ontario hat ein Gesetz zur Lärmbekämpfung erlassen, das den Vögeln am Tage dreißig Minuten Gesang erlaubt und in der Nacht fünfzehn Minuten. Earl Cuddie, der Amtsschreiber, der die Verordnung herausgab, wurde in Telefonanrufen aus ganz Kanada bestürmt, doch bitte zu erklären, wie man die Vögel dazu bekommen solle, ihren Gesang einzustellen. Entnervt räumte er ein: «Ich glaube, ich war so in Eile, als ich das Gesetz niederschrieb, daß ich keine Zeit hatte, darüber nachzudenken.»

Die gesetzgebende Versammlung von Arkansas ratifizierte ein Gesetz, das verfügte, der Arkansas River dürfe nur bis zur Main-Street-Bridge in Little Rock steigen.

Das Oberlandesgericht in New Jersey befand, ein Nachtwächter habe auch dann Anspruch auf Überstundenbezahlung, wenn er bei seiner Arbeit schlafe.

Nach einem Gesetz in Danville, Pennsylvania, muß die Funktionsfähigkeit sämtlicher Feuerlöscher mindestens eine Stunde vor Ausbruch des Feuers erprobt werden.

In einem Gesetz des Staates Oklahoma heißt es, daß jeder Lenker eines Fahrzeugs, «das in einen Unfall mit tödlichem Ausgang verwickelt ist ... sofort anzuhalten ... und seinen Namen und seine Adresse dem Verunfallten mitzuteilen hat.»

«Mein Klient bemerkte den Unfall erst, als er passiert war.» – Ein Anwalt bei der Verteidigung seines Klienten.

In Seattle ist es von Gesetzes wegen verboten, eine Geheimwaffe bei sich zu tragen, die länger als zwei Meter ist.

In Holyoke, Massachusetts, ist es gesetzeswidrig, den Rasen bei Regen zu sprengen.

Eine Verordnung in San Francisco untersagt, benutztes Konfetti aufzuheben, um es wiederzuverwenden.

Im Strafgesetz von Virginia aus dem Jahre 1930 ist «jedermann mit Ausnahme von Kandidaten für Wahlämter» die passive und aktive Bestechung untersagt.

Und in den Stadtgrenzen von Quitman, Georgia, macht sich jedes Huhn, das eine Straße überquert, einer Gesetzesübertretung schuldig.

Wie dem Gesetz Geltung verschafft wird

Die Gesetzestexte mögen voller Fehler und Lücken sein, aber die Art, wie ihnen Geltung verschafft wird, zeugt oft genug von gleicher Unfähigkeit und unfreiwilliger Komik.

In einer Zeitungsnotiz hieß es, daß in der Exeter Street drei Fahrräder gestohlen worden seien. Dazu erklärte die Polizei, ihrer Meinung nach handle es sich um einen Fahrraddieb.

Im Sommer 1982 wurden in Chicago sechs Polizeibeamte verhaftet, weil sie im Dienst Heroin aus den Fenstern ihrer Streifenwagen verkauften.

1980 gestattete der Direktor des englischen Featherstone-Gefängnisses den Insassen seiner Anstalt, eine Töpferei einzurichten. Die Gefangenen fälschten die Arbeiten des berühmten Keramikers Bernard Leach und ahmten selbst seltene Glasuren täuschend echt nach. Die Fälschungen wurden aus dem Gefängnis geschmuggelt und an so namhafte Galerien wie Sotheby's und Christie's zu einem Stückpreis von 1000 Pfund verscherbelt. Der Betrug flog erst auf, als man angesichts so vieler «neuer» Leaches Verdacht schöpfte.

COLLARIUM 5: Jede Fähigkeit enthält den Keim zur Unfähigkeit.

In Saginaw, Michigan, wurde ein Autofahrer bei einer Verkehrsübertretung ertappt. Als die Polizeibeamten seinen Wagen durchsuchten, fanden sie einen Revolver und verhafteten ihn. Am folgenden Tag mußten sie ihn mit einer Entschuldigung wieder auf freien Fuß setzen. Der Revolver war einem der Beamten aus dem Halfter gefallen, als er das Auto durchsuchte.

«Ich habe nichts gegen die Polizei, ich habe nur Angst vor ihr.»
                                        – ALFRED HITCHCOCK

Ein überführter Drogenhändler aus Minneapolis setzte die Kosten für den Einkauf von Amphetaminen, Kokain und Marihuana von seiner Einkommenssteuer ab. Außerdem setzte Jeffrey Edmonson als Geschäftsunkosten Telefon,

Transport, Wohnungsmiete, Verpackungsmaterial und die Waage ab, auf der er seine Schmuggelware abgewogen hatte. Das Finanzamt teilte ihm mit, er könne die Unkosten für kriminelle Geschäfte nicht von der Steuer absetzen, doch Edmonson ging vor Gericht und gewann seinen Prozeß. William Goffe, ein Richter am obersten amerikanischen Finanzgerichtshof, kam zu dem Urteil, die Unkosten seien normal und notwendig und deshalb absetzbar.

Ein Bezirksgericht in Kalifornien hob den Haftbefehl für Hector Solario auf, obwohl der verhaftende Polizeibeamte gesehen hatte, wie Solario bei einem Einbruch Juwelen in eine Plastiktüte gestopft hatte. Das Gericht machte geltend, daß der Polizist an der Tür hätte stehenbleiben, anklopfen und sich ausweisen müssen, bevor er eintreten durfte, um den Gesetzesbrecher wegen Einbruchs zu verhaften.

Die Einbruchsklage gegen den neunzehnjährigen Michael Moran wurde fallengelassen. Sein Vater, der Polizeioffizier Junice Moran, hatte das Zimmer des Jungen durchsucht und eine Stereoanlage entdeckt, von der er vermutete, daß sie vor kurzem bei einem Einbruch gestohlen worden sei. Lieutenant Moran stellte seinen Sohn zur Rede, und dieser gab den Einbruch zu. Das höchste Gericht von Indiana entschied, daß die Rechte des Jungen verletzt worden seien und die Anklage deshalb niederzuschlagen sei.

> «Zu beneiden ist der Polizist gewißlich nicht, wenn er tun muß seine Pflicht.»   – W. S. GILBERT

1980 platzte das drei Jahre alte Gefängnis von Cuyahoga County in Ohio aus allen Nähten. Nach dem ursprüng-

lichen Plan sollte es 1200 Gefangene fassen, doch als es
fertig gestellt war, paßten gerade 800 hinein. Da die Kosten für den gesamten Justizkomplex – zu dem auch noch
Polizeieinrichtungen und das Gerichtsgebäude gehörten –
von 61 auf 135 Millionen in die Höhe schnellten, wurde
die Größe des Gefängnisses eingeschränkt. Die Polizeibeamten wurden angewiesen, nicht nach den 4982 flüchtig
gemeldeten Verbrechern zu suchen, da das Gefängnis sie
nicht mehr aufnehmen konnte.

Harry Seigler, der wegen Raubmords angeklagt war,
wurde nervös, als er auf den Spruch der Geschworenen
wartete. Schon dreimal wegen Raubes verurteilt, einigte
sich der Angeklagte mit dem Richter: Er bekannte sich
schuldig und bekam dafür sechzig Jahre Zuchthaus, von
denen zwanzig Jahre ausgesetzt wurden. Als der Richter
die Geschworenen über die neue Sachlage informierte,
stöhnten diese entsetzt auf. Sie hatten ihren Spruch bereits
gefällt: nicht schuldig.

Vor dem Gericht in Pontiac, Michigan, erschien der Angeklagte ohne Verteidiger. Der Richter erklärte, daß er auch
als Verteidiger fungieren werde, brachte ein Argument zu-
gunsten seines Klienten vor und entschied dann, daß der
Angeklagte schuldig im Sinne der Anklage sei.

Frank Wills, der Wachmann, der den Watergate-Einbruch
entdeckte, sitzt wegen Ladendiebstahls ein. Der arbeits-
lose Wills lebte bei seiner Mutter in South Carolina, als er
in einem Geschäft ein Paar Turnschuhe für 15 Dollar mit-
gehen ließ, die er seinem Sohn schenken wollte. Im Unterschied zu den überführten Watergate-Kriminellen erhielt
Wills die Höchststrafe – zwölf Monate.
   Die Watergate-Gruppe hat folgende Strafen abgesessen

(wenn auch die ursprünglichen Urteile teilweise schärfer ausfielen): G. Gordon Liddy, zweiundfünfzig Monate; E. Howard Hunt jr., H. John N. Mitchell, H. R. Haldemann und John D. Ehrlichman, zwölf Monate; Dwight L. Chaplin, acht Monate; Charles W. Colson und Jeb Stuart Magruder, sieben Monate; Herbert W. Kalmbach, sechs Monate; John W. Dean III., weniger als fünf Monate; Egil Krogh jr. und Donald Segretti, vier Monate; Richard M. Nixon, vollständiger Straferlaß.

«Häufig ist der beste Komplize der Korruption unsere eigene Gleichgültigkeit.»   – BESS MYERSON

Portugiesische Militärbeamte untersuchten den Tod eines zwölfjährigen Jungen, der von einer Wache erschossen worden war. Der Wachsoldat behauptete, der Junge habe seinen Warnruf in der Dunkelheit nicht beachtet und sei weitergelaufen. Das Gericht beschloß, den Vorfall in einem Lokaltermin nachzustellen. Auch der dreiunddreißigjährige Zivilist, der die Rolle des Jungen übernahm, wurde erschossen.

«Es ist nicht die Aufgabe des Polizisten, Unordnung zu stiften. Seine Aufgabe ist es, die Unordnung zu bewahren.»

– RICHARD J. DALEY, Chicagoer Bürgermeister

Achtundvierzig der vierundfünfzig Ärzte, Psychiater und Zahnärzte, die am Rikers-Island-Gefängnis in New York beschäftigt waren, wurden beschuldigt, ihre Arbeitszeit-, Reisekosten- und Spesenabrechnungen frisiert zu haben.

«Wirtschaftskriminalität, das heißt das Verbrechen am Schreibtisch, ist genauso schädlich wie das Verbrechen auf der Straße.»   – MEG STAAHL

Der Polizeichef des District of Columbia, John B. Layton, wurde von Journalisten gefragt, wie es zum Anstieg der Raubüberfälle am Wochenende käme. Layton erwiderte: «Der wichtigste Faktor ist die Neigung mancher Menschen, sich finanzielle Mittel auf illegale Weise zu beschaffen.»

> «Man kommt viel weiter mit einer freundlichen Redensart und einer Kanone als nur mit einer freundlichen Redensart.»   – AL CAPONE

Der fünfundzwanzigjährige Michael James aus Chippewa Falls in Wisconsin erklärte seinem Richter, er sei nicht bereit, im Rahmen seines Urteils einen Arbeitsplatz zu akzeptieren, der ihm 350 Dollar im Monat einbringe, da er sich dann schlechter stehe als mit den 300 Dollar Sozialhilfe zuzüglich 130 Dollar in Essensmarken.

Im australischen Brisbane bekannte sich Peter Stocker schuldig, fünfundzwanzig Eingangstüren verschiedener Häuser gestohlen zu haben. Der stellungslose Zimmermann wurde zu einer Geldstrafe verurteilt und mußte die Türen ihren rechtmäßigen Besitzern zurückgeben. Doch elf der Türen waren nie als gestohlen gemeldet worden. Der findige Staatsanwalt ließ folgende Meldung an die örtlichen Polizeibehörden gehen: «Wenn Sie ein Haus ohne Eingangstür sehen, machen Sie bitte den Eigentümer darauf aufmerksam.»

> «Wir scheinen des Verbrechens nicht Herr werden zu können, warum legalisieren wir es also nicht und belegen es mit einträglichen Steuern?»   – WILL ROGERS

Verbrechen zahlt sich nicht aus

Die genannten Beispiele lassen darauf schließen, daß die Gesetzgeber und Strafverfolgungsbehörden in bester Absicht gehandelt haben, daß sie aber, als sie diese Böcke schossen, bereits auf ihrer Stufe der Unfähigkeit agierten. Genauso wenig dürfen wir, wenn wir uns jetzt den Gesetzesbrechern zuwenden, davon ausgehen, sie hätten ihre kriminelle Karriere in dem festen Willen begonnen, sich erwischen zu lassen. Vielmehr müssen wir die Hypothese zugrunde legen, daß die meisten Kriminellen, wenn sie ihre Laufbahn wählen, fest entschlossen sind, sie erfolgreich zu absolvieren.

Natürlich kann im kriminellen Metier wie in anderen sehr gefährlichen Berufen die Angst ein entscheidender Faktor des Mißerfolgs sein, und wie in allen anderen menschlichen Tätigkeitsbereichen gibt es auch hier einige wenige, die einen unbewußten Zwang verspüren, alles zu verpfuschen. Ansonsten aber sind die Strafverfolger und die Gesetzesbrecher den gleichen Gesetzen von Erfolg und Mißerfolg unterworfen.

> «Verbrechen zahlt sich nicht aus. Früher oder später bekommt jeder Verbrecher einen Strafzettel wegen falschen Parkens.»
> – TED ZEIGLER

In einer Gerichtsverhandlung in Spring Valley, Kalifornien, in der es um einen Autodiebstahl ging, verzichtete Kammy Jean Sullivan darauf, ihre Unschuld zu beteuern, und bekannte sich schuldig, als der Fahrzeugeigentümer das Jackett, das Sullivan vor Gericht trug, als einen der gestohlenen Gegenstände identifizierte.

*Wir dürfen nicht davon ausgehen, sie hätten ihre
kriminelle Karriere mit dem festen Willen begonnen,
sich erwischen zu lassen*

Vor einem Londoner Fleischmarkt wurde ein Dieb festge-
nommen. Der Polizeibeamte bemerkte, daß der Mann zit-
terte wie Espenlaub. Eine Leibesvisitation brachte die
Ursache zutage: Der Dieb hatte ein tiefgefrorenes Len-
denstück in seiner Hose verborgen.

Ein Bankräuber in Portland, Oregon, schob dem Kassierer einen Zettel zu: «Dies ist ein Überfall. Ich habe einen
Revolver.» Der Kassierer wartete, und der Räuber schrieb
weiter: «Packen Sie das ganze Geld in eine Papiertüte!»
Der Kassierer schrieb unten auf den Zettel: «Ich habe
keine Papiertüte.» Der Räuber verließ die Bank.

Mit 1710 Dollar in bar verließ der dringend des Bankraubs
verdächtige Oliver Paxton im Laufschritt die Community

Bank im Ostteil von Los Angeles, und mußte feststellen, daß die Schlüssel seines Wagens steckten und daß er die Türen versperrt hatte.

Ein Ladendieb in Barnsley, England, wurde gleichzeitig von vier Warenhausdetektiven ertappt. An diesem Tag fand in dem Warenhaus eine Tagung von Warenhausdetektiven statt.

In einem Southhamptoner Supermarkt fuhr ein Dieb mit seinem vollbeladenen Einkaufswagen an die Kasse. Als er den Kassenbon erhielt, reichte der Mann eine Zehn-Pfund-Note hinüber. Die Kassiererin öffnete die Kasse. Da griff sich der Dieb den Inhalt der Schublade und verschwand. Die Schublade enthielt vier Pfund siebenunddreißig Pence. In der Hand der Kassiererin blieb die Zehn-Pfund-Note, die der Dieb ihr gegeben hatte.

Arthur Gertsen saß ein wegen Urkundenfälschung, Scheckbetrug und Verstößen gegen seine Bewährungsauflagen. Die Kaution von 31 000 Dollar konnte er nicht aufbringen. Da mußte er wieder vor Gericht erscheinen, weil er dabei ertappt worden war, wie er Leuten einredete, sie könnten jährlich 128 Prozent Gewinn machen, wenn sie sich Geld auf ihre häuslichen Wertgegenstände leihen würden. Die Gespräche hatte er über das Gefängnistelefon geführt. Der Richter erhöhte seine Kaution auf 100 000 Dollar und entzog ihm das Recht zu telefonieren.

Thomas R. Richardson gehörte zu der Bande, die den berühmten Brinks-Überfall begangen hatte – einen der größten in der Geschichte der Vereinigten Staaten. 2,8 Millionen Dollar und 1,2 Millionen an Valuta waren ihnen in

die Hände gefallen. Kurz vor seinem Tode errechnete
Richardson, daß mit der Vorbereitungszeit für den Überfall
und seiner Strafe (mehr als dreißig Jahre) sein Anteil einem
Stundenlohn von 1,25 Dollar pro Stunde entspräche.

Ein Mann, der wegen Einbruchs angeklagt war, floh aus
dem Gerichtsraum. In der Hoffnung, in der Menge unter-
tauchen zu können, schloß er sich einem vorbeitrabenden
Pulk von Joggern an – alles Mitglieder der örtlichen Poli-
zeisportabteilung.

In Riverside, Kalifornien, überfiel ein Mann eine Cafe-
teria, wobei er sich einen Kopfkissenbezug über den Kopf
gestülpt hatte. Da er vergessen hatte, Augenlöcher hinein-
zuschneiden, mußte er eine Ecke des Bezugs lüften, um
die Tür zu finden. Ein Stammgast erkannte ihn, und er
wurde in seiner nahe gelegenen Wohnung verhaftet.

Als ein Parkuhrenknacker die Kaution für einen verhafteten Freund hinterlegen wollte, wurde er selbst verhaftet.
Er wollte den Betrag in kleinen Münzen zahlen.

In Sacramento, Kalifornien, schalt der Polizeioffizier
Melvin Chuckovich einen Dieb: «Sie sollten sich schämen,
den armen Kindern ihre Fahrräder wegzunehmen!»
Einige Zeit später sah Chuckovich den Mann in Hand-
schellen auf der Wache wieder. Der Dieb erklärte: «Ich
habe Ihren Rat beherzigt und Autos geklaut.»

Ein Mann, nach dem wegen eines Diebstahls gesucht
wurde, wurde nach einer längeren Fahndung ergriffen. Er
arbeitete als Tellerwäscher in der Kantine der Identifizie-
rungsabteilung des FBI-Hauptquartiers in Washington.

Ein Bürobedarfsgeschäft in New York City schaffte sich ein neues Aufzeichnungssystem für seine Telefonzentrale an. Eine Woche später wurde ein Einbruch festgestellt. Zufällig bemerkte ein Angestellter, daß die neue Anlage einen Anruf lange nach Geschäftsschluß registriert hatte. Der Einbrecher wurde gefaßt – er hatte nach Hause telefoniert.

Zu trauriger Berühmtheit brachte es D. B. Cooper, als er 1971 eine Maschine der Northwest Orient auf dem Flug von Portland nach Seattle in seine Gewalt brachte, 200000 Dollar und vier Fallschirme verlangte und sich aus der fliegenden Boeing 727 verdrückte. Innerhalb eines Jahres fand er einundzwanzig Nachahmer. Keiner hatte Erfolg. Sechzehn erhielten eine Zuchthausstrafe, zwei kamen in eine psychiatrische Klinik und drei überlebten ihren Versuch nicht.

Im Gefängnis von Saltillo in Nord-Mexiko gruben mehrere Insassen in fünfmonatiger Arbeit einen Tunnel in die Freiheit. Fünfundfünfzig Sträflinge kletterten durch den Fußboden am Ende des Tunnels – in den Gerichtssaal, in dem die meisten von ihnen abgeurteilt worden waren.

J. Ealey beging in Detroit einen Einbruch, ließ aber versehentlich seinen Hund am Schauplatz des Verbrechens zurück. Die Alarmanlage rief die Polizei auf den Plan. Die Beamten riefen: «Braver Hund, lauf nach Hause!», folgten dem Tier und trafen kurz nach dem Einbrecher bei ihm zu Hause ein.

> «Wenn das Verbrechen sich nicht auszahlt – wieso ist es dann einer unserer größten Wirtschaftszweige?»
> – MITCHELL GORDON

Die Unfähigkeit kann auch darin liegen, daß man sich nicht von dem ordnungsgemäßen Zustand seines Handwerkszeugs überzeugt, wie der folgende Fall zeigt: Die Polizei von Covina, Kalifornien, berichtete von zwei jungen Männern – Victor Cross, einundzwanzig, und Herbert Taylor, sechsundzwanzig –, die beschlossen, ihr Glück mit einem Einbruch zu versuchen. Sie rüsteten sich mit den Werkzeugen ihrer Zunft aus: einer Papiertüte für die Beute, einer Maske, um das Gesicht zu verbergen, und einer Schrotflinte, um für einen reibungslosen Ablauf der Transaktion zu sorgen.

Das Unternehmen war gut geplant. Einer betrat das auserkorene Spirituosengeschäft in Covina, versehen mit der Maske, der Flinte und der Beutetüte, während der andere im Fluchtauto auf dem Parkplatz blieb. Zunächst ging alles glatt. Der Verkäufer füllte die Tüte mit 180 Dollar in Münzen und kleinen Scheinen. Doch als der Räuber zum Fluchtauto stürzte, riß die Tüte, und ihr Inhalt ergoß sich auf den Fußboden. Dann löste sich der Kolben von der Schrotflinte, und das Band der Maske riß, so daß auch sie herunterfiel.

Trotzdem konnten die beiden Räuber entkommen, wurden aber anderthalb Stunden später gefaßt, als sie an den Schauplatz ihres Verbrechens zurückkehrten, offensichtlich um nach dem Kolben ihrer Flinte zu suchen.

COROLLARIUM 6: Unfähigkeit plus Unfähigkeit ist gleich Unfähigkeit.

3
Ein Tropf für jeden Topf

Ein hervorragender Klempner verdient unendlich
viel mehr Bewunderung als ein unfähiger Phi-
losoph. Eine Gesellschaft, die hervorragende
Klempnerarbeit geringschätzt, weil das Klemp-
nern eine niedere Tätigkeit ist, dagegen aber die
Talmi-Philosophen schätzt, weil die Philosophie
eine so vornehme menschliche Beschäftigung ist,
wird weder gute Klempner noch gute Philosophen
haben. Weder ihre Rohre noch ihre Theorien werden wasserdicht sein.   – JOHN GARDNER

Kompetenz wird im allgemeinen als Tüchtigkeit definiert.
Operationalisiert muß man sie jedoch beschreiben als die
Fähigkeiten oder Fertigkeiten, die erforderlich sind, um
eine bestimmte Funktion auszuüben. Der fähige Verkäufer muß in der Lage sein, etwas zu verkaufen. Der fähige
Arzt muß in der Lage sein, seinen Patienten die erforder-
liche medizinische Hilfe zuteil werden zu lassen. Der fähige Kfz-Schlosser sollte in der Lage sein, das Auto in
einem funktionsfähigeren Zustand zurückzugeben, als er
es entgegengenommen hat. Obwohl der Handelsvertreter,
der Arzt und der Automechaniker jeweils unterschiedliche Fertigkeiten brauchen, ist jeder nur in dem Maße fähig, in dem seine Leistung den Outputkriterien seines Be-
rufsstandes gerecht wird. Wissenschaftlich bewerten läßt
sich Kompetenz oder Fähigkeit nur durch die Beobachtung oder Messung des Outputs, und doch gibt es die Tendenz, Kompetenz in Beziehung zum Input zu setzen.

So werden beispielsweise viele Leute der Meinung eines

Der fähige Verkäufer muß in der Lage sein,
etwas zu verkaufen

Professors mit vielen akademischen Graden große Bedeutung beimessen, obwohl er vielleicht nur ein gebildeter
Narr ist. Statt nach ihrer Bedeutung und Qualität werden
seine Gedanken nach der Anstrengung beurteilt, die er
aufgewendet hat, um seinen Bildungsweg zu absolvieren
und die akademische Leiter bis zu seinem Lehrstuhl zu

erklimmen. Der Input ist ein wichtiger Gesichtspunkt, aber Kompetenz läßt sich nur am Output messen. Häufig ist jemand, der nach Ausbildung und Erfahrung hochqualifiziert ist, auch außerordentlich kompetent, aber man sollte sich davor hüten, automatisch vorauszusetzen, daß die Menschen mit dem größten Input auch immer den besten Output hervorbringen.

COROLLARIUM 7: Alles, was der Mühe wert ist, getan zu werden, ist auch der Mühe wert, so lange zu suchen, bis man jemanden gefunden hat, der fähig ist, es zu tun.

Eine exakte Wissenschaft

Die Hierarchologie ist eine Wissenschaft, die anstrebt, durch objektive Untersuchungen zu einem besseren Verständnis des Aufbaus menschlicher Organisationen beizutragen. Die nähere Untersuchung der Fallgeschichten und Beispiele, die in diesem Buch vorgelegt werden, wird das Wesen der hierarchischen Struktur unserer Gesellschaft offenbaren, so daß die Daten, die dem Leser zunächst als ein chaotischer Haufen zusammenhangloser Informationen erschienen sein mögen, Sinn und Bedeutung gewinnen. Verständlich wird die menschliche Gesellschaft erst durch die Wirkung des Peter-Prinzips im Rahmen der gesellschaftlichen Organisation.

Bei unserer wissenschaftlichen Untersuchung von Hierarchien müssen wir jede moralische Einstellung zur Fähigkeit oder Unfähigkeit vermeiden. Wir müssen uns vor der Annahme hüten, daß es unfähige Funktionsträger an dem nötigen Bemühen oder Einsatzwillen fehlen lassen. Meine Interviews erbrachten zwar in erster Linie subjektive Informationen, lassen aber doch erkennen, daß die Personen, die alle Kriterien der Unfähigkeit erfüllen, gerne mehr leisten würden. Jeder Mitarbeiter brachte den entschiedenen Wunsch zum Ausdruck, für seine Organisation nützlicher zu sein, wenn er dazu nur in der Lage sei. Außerdem ist den meisten unfähigen Mitarbeitern unklar bewußt, daß eine Pleite ihrer Firma Arbeitslosigkeit für sie bedeuten würde oder daß der Zusammenbruch der Gesellschaft ihr Ruin wäre.

COROLLARIUM 8: In einer Hierarchie verhält sich die Leistung umgekehrt proportional zur Höhe.

Während die wissenschaftliche Methode verlangt, daß individuelle Fähigkeit nach dem objektiven, beobachtbaren oder meßbaren Output beurteilt wird, darf andererseits nicht übersehen werden, daß Fähigkeit und Unfähigkeit von fast jedem Aspekt der menschlichen Persönlichkeit abhängen können.

Akte «Multikausale Unfähigkeit», Fall Nr. 7

Diese Fallstudie soll belegen, daß die Unfähigkeit in vielen Lebensbereichen des Menschen ihre Wurzeln haben kann.

Beruflich

In fünfunddreißig Jahren war Jerry Attrick bei der Firma Akme Gewichte und Senkbleie GmbH vom Bleigießer zum Generaldirektor aufgestiegen. Er kannte jeden Schritt bei der Herstellung von Akme-Produkten aus erster Hand und hatte die Produktions- und Vertriebsabteilung fest im Griff. Jerrys Pech war, daß der Aufsichtsrat beschloß, sich die Aktienmehrheit eines zweiten Unternehmens zu sichern, der Hartzinn-Stimmgabel GmbH, und beide Unternehmen unter Jerrys Führung zu vereinigen. Jerry war die Sache von Anfang nicht geheuer. Die Bleiverarbeitung kannte er aus eigener Anschauung, Hartzinn dagegen war ein unbeschriebenes Blatt für ihn. Der Vertrieb von Gewichten und von Stimmgabeln verlangt höchst unterschiedliche Marktstrategien. Jerry Attrick war zu alt und zu festgelegt, um sich auf die neuen Techniken einstellen zu können, die er für die Leitung des neuen Großunternehmens Akme Blei und Zinn GmbH brauchte. Jerry Attrick hatte seine Stufe der Unfähigkeit erreicht, weil ihm die beruflichen Voraussetzungen für seine neue Position fehlten.

Physisch

Durch die Fusion von Akme Blei und Hartzinn-Stimmgabel wurden erhebliche Veränderungen erforderlich, da man einen neuen Verwaltungsapparat brauchte. Die Sekretärin Ann Jyna wurde zur Bürovorsteherin befördert. Sie freute sich über die verantwortungsvollere Position und die Lohnerhöhung, die damit verbunden war. Obwohl sie die nötigen beruflichen Fähigkeiten besaß, begann der Streß, den die neue Aufgabe mit sich brachte, seinen Tribut zu fordern. Es begann mit Kopfschmerzen und Kreuzbeschwerden. Als sie sich einer Generaluntersuchung unterzog, weil sie von Stichen im Brustkorb beunruhigt war, stellte ihr überraschter Hausarzt fest, daß ihr Blutdruck in gefährliche Höhen geklettert war.

Obwohl Ann Jyna die erforderlichen beruflichen Voraussetzungen mitbrachte, war sie physisch dem Streß ihrer neuen Position nicht mehr gewachsen, so daß sie immer häufiger fehlte. Sie hatte die Stufe ihrer physischen oder biologischen Unfähigkeit erreicht.

Geistig

Bei den Arbeitern in der Bleigießerei war der Vorarbeiter Stu Pidd sehr beliebt. Er war ein angenehmer, freundlicher Kollege, der die Arbeit in der Gießerei aus langjähriger Erfahrung kannte. Er war gewissenhaft und stellte stets genauso viel Blei her, wie verlangt wurde.

Nach der Zusammenlegung beider Werke wurde Stu zum Betriebsleiter der Gießerei befördert, eine Funktion, in der er die Arbeit und das Material einteilen mußte. Diese Funktion überforderte seine Entscheidungsfähigkeit. Statt einfacher Anordnungen erhielt er jetzt Richtlinien und allgemeine Statements von der Unternehmensleitung. Ihm fehlte die intellektuelle Fähigkeit, mit Abstraktionen umzugehen. Immer wieder legte er die Unternehmenspolitik falsch aus und traf unlogische Entscheidungen, wodurch die Produktivität der Gießerei stark beeinträchtigt wurde. Stu Pidd hatte seine Stufe der Unfähigkeit auf Grund geistiger Unzulänglichkeit erreicht.

Sozial

Cal Luss, ein Metallurg, war bei der Hartzinn-Stimmgabel GmbH mit der Zusammenstellung des Mischungsverhältnisses von Zinn, Antimon, Kupfer und Blei betraut gewesen. Nun wurde er in dem neuen Unternehmen zum Chef der gesamten Metallverarbeitung ernannt und stürzte sich voller Eifer und Tatendrang auf seine neue

Aufgabe. Leider mußte Cal, der ein guter Metallurg war, jetzt seine Qualitäten in der Menschenführung unter Beweis stellen. Er leistete hervorragende Arbeit mit den ihm anvertrauten Werkstoffen, war aber unfähig, die ihm unterstellten Leute zu besseren Leistungen zu motivieren. Sein Umgang mit Mitarbeitern war steif und völlig humorlos. Er kannte sich in den metallurgischen Formeln bestens aus, hatte aber keine Ahnung von den einfachsten Rezepten der Menschenführung. Bei seinen Personalentscheidungen konnte er sich weder auf seinen Rechenschieber noch auf Computerausdrucke verlassen. Cal Luss, ein fähiger Ingenieur, hatte seine Stufe der Unfähigkeit auf Grund seiner Unbeholfenheit im Umgang mit Menschen erreicht.

Emotional

Hy Sterik war ein begeisterter und begabter Graphiker in der Werbeabteilung der Hartzinn-Stimmgabel GmbH, als die beiden Unternehmen fusionierten. In seiner neuen Stellung als Werbedirektor für Akme-Products war er mal himmelhoch jauchzend und mal zu Tode betrübt. Seine Leidenschaft für ästhetisch vollkommene Werbung, die so viel Anklang bei den künstlerisch empfänglichen Verbrauchern des Stimmgabelmarkts gefunden hatte, kam bei den Kunden für Gewichte und Senkbleie nicht annähernd so gut an. Seine einseitige Bevorzugung des Stimmgabelmarktes und seine hochmütige Verachtung für die Bleigewichtkunden wurden im Unternehmen sehr kritisch registriert. Sterik wurde nervös und neigte zu Gefühlsausbrüchen. Wenn seine Anzeigen für Stimmgabeln gelobt wurden, war er begeistert, und wenn seine Anzeigen für Senkbleie abgelehnt wurden, brach er fast in Tränen aus.

Seine Gefühle trübten seine Urteilskraft und beherrschten ihn vollkommen. Er befand sich auf seiner Stufe der emotionalen Unfähigkeit.

Moralisch

Mal Larky war der beste Vertreter bei Akme gewesen. Sein forsches Auftreten, seine gewagten Witze und Geschichtchen waren bei den Kunden für Bleigewichte gut angekommen. Er pflegte einen sehr pragmatischen Umgang mit der Wahrheit, das heißt: er vermied sie peinlich, wenn sie nicht gerade seinen Zwecken diente. Seine Kunden nahmen es ihm nicht übel, daß er die Vorzüge seiner Produkte so schamlos übertrieb. Außerdem spielte es keine große Rolle, weil es auf dem Markt für Bleigewichte keine nennenswerte Konkurrenz gab.

Als er zum Verkaufsdirektor von Akme Blei und Zinnprodukten aufstieg, zeigte sich, daß seine Verkaufsmethoden eine schlechte Voraussetzung für seinen Managerposten waren. Er gab seinen Vertretern Versprechen über Verkaufsgebiete, Werbeunterstützung und persönliche Hilfestellungen, die er nicht einhielt. Bei der Einweisung seiner Mitarbeiter bediente er sich fragwürdiger und unehrlicher Methoden. Er wies die Stimmgabelvertreter an, seine Übertreibungstechnik zu verwenden. Als sie das versuchten, wandten sich die Kunden anderen Marken zu, die es in hinreichender Zahl gab. Durch seine Unehrlichkeit hatte Mal Larky seine Stufe der moralischen Unfähigkeit erreicht.

Aktiv- und Passivposten

Am auffälligsten ist die Unfähigkeit, wenn Mitarbeiter ihrer Aufgabe nicht mehr gewachsen sind – wenn sie, wie Jerry Attrick, die beruflichen Voraussetzungen vermissen lassen, um mit den gewachsenen Anforderungen fertig zu werden. Doch es gibt noch viele andere verborgene Schwächen, die sich als Unfähigkeit erweisen können, sobald ein Mitarbeiter auf die entsprechende Stufe befördert wird. Fast alle menschlichen Eigenschaften, auch diejenigen, die auf bestimmten Stufen den Aktivposten zuzurechnen sind, werden, wenn die Stufenleiter nur weit genug erklommen ist, zur Unfähigkeit ausschlagen. Ein Aktivposten auf der einen Stufe kann zum Passivposten einer anderen werden.

Richard M. Nixon begann seine spektakuläre Karriere in High-School-Zeiten, als er zwei Sommerferien lang beim Slippery Gulch Rodeo in Prescott, Arizona, als zungenfertiger und zugkräftiger Ausrufer für das Glücksrad auftrat. Am Whittier College konnte er seine Fähigkeit, andere durch seine Redegabe zu überzeugen, als Leiter des Debattierclubs weiterentwickeln.

Ende 1945 trat Nixon vor dem Republikanischen Ausschuß der 100 auf und hielt seine erste politische Rede. In einer Ansprache, die nur zehn Minuten dauerte, stellte er seine geniale Begabung für politische Rhetorik unter Beweis. Er beschrieb das politische System der Vereinigten Staaten als den Widerstreit zweier Ideen. «Die eine», so führte er aus, «die vom New Deal vertreten wird, bedeutet Regierungskontrolle und reglementiert unser Leben. Die andere hat sich der Freiheit des einzelnen und der Privatinitiative verschrieben. Ich ziehe den zweiten Standpunkt vor. Ich glaube nicht, daß unsere heimkehrenden Soldaten

– und ich habe in den Schützengräben mit vielen von ihnen gesprochen – Almosen oder milde Gabe von der Regierung haben möchten.» Diese Rede war genau das, was der Ausschuß hören wollte. Seine Mitglieder schlugen Nixon einstimmig zum Kongreßkandidaten vor. Er besaß die Gabe, auch die Unwahrheit überzeugend und ansprechend zu verpacken. Es gibt keinen Hinweis dafür, daß Nixon, als er in den heimatnahen Gebieten bei der Navy Dienst tat, auch nur einem einzigen Schützengraben nahegekommen wäre, und es ist auch höchst unwahrscheinlich, daß sich die Soldaten, die in diesen Schützengräben saßen, viel Gedanken um konkurrierende Wirtschaftstheorien machten.

Damit hatte Nixon einen Weg eingeschlagen, dem er in den nächsten neunundzwanzig Jahren in unwandelbarer Treue folgen sollte. In der Kongreßwahl von 1946 besiegte er seinen Gegenkandidaten Jerry Voorhis vor allem durch die Unterstellung, er habe Verbindungen zu den Kommunisten. Sein Hauptvorwurf lautete: «Voorhis wird vom PAC unterstützt.» (PAC: Political Action Committee, das von einer der beiden großen Gewerkschaftsorganisationen gesteuert wurde.) Nicht nur das war falsch, sondern als Mitglied des Senatsausschusses für unamerikanische Umtriebe wies Voorhis auch eine ausgesprochene antikommunistische Vergangenheit auf. Er hatte den Voorhis-Act eingebracht, das einzige vom Kongreß verabschiedete Gesetz, daß sowohl von der Kommunistischen Partei als auch vom Deutschamerikanischen Bund bekämpft worden war.

Seinen manipulativen Umgang mit Tatsachen setzte Nixon 1950 mit einem erfolgreichen Senatswahlkampf gegen Helen Gahagan Douglas fort. Als überzeugte Antikommunistin hatte sie Harry Truman unterstützt und war energisch für die Gesetze eingetreten, die die Grundlage für die militärische Unterstützung der freiheitlich-demokratischen Staaten Europas geschaffen hatten. «Die Sowjetunion», so schrieb sie in *The New Republic* vom 29. August 1949, «hat alles in ihrer Macht Stehende getan, um die Erholung Europas zu verhindern … vorsätzlich hat sie eine Atmosphäre der Angst und der Gefahr geschaffen.» Einer ihrer Wahlkampfhelfer war Ronald Reagan, der damals noch der demokratischen Partei angehörte. Nixon bestritt seinen ganzen Wahlkampf mit dem angeblichen Kommunismus seiner Widersacherin. Er nannte sie die «rosa Lady» und gab eine «rosa Zeitung» auf rosa Papier heraus, in der er ihre erfundenen kommunistischen Verbindungen anprangerte. Seine falschen Anschuldigungen, offiziell wirkenden Dokumente, Pseudo-Ausschüsse und getürkten Umfrageergebnisse überzeugten die Wähler davon, daß er für eine edle Sache stritt.

Sein Meisterstück in Sachen Manipulation lieferte er jedoch am 23. September 1952 in der sogenannten «Chekkers-Rede», die vom Radio und Fernsehen im ganzen Lande ausgestrahlt wurde. In einer Stellungnahme zu der Enthüllung, daß er über einen Privatfond von sechsundsiebzig reichen Kaliforniern verfügte, die ein besonderes Interesse daran hatten, ihn in Washington an der Macht zu sehen, rechtfertigte er sich nicht durch Argumente, sondern durch einen rührseligen Appell an die amerikanische Öffentlichkeit. Er gab zu, daß er ein paar Geschenke angenommen habe, und erklärte sich reumütig bereit, sie alle zurückzugeben, mit Ausnahme des kleinen schwarz-weißen Cockerspaniels Checkers, der seinen Töchtern geschenkt worden sei. Daraufhin erschien Checkers Bild auf der Mattscheibe. Es war ein triumphaler Erfolg. Darryl

Zanuck nannte die Rede «die großartigste schauspielerische Leistung, die ich je gesehen habe!»

Trotz seines Spitznamens Tricky Dick, trotz seines zweifelhaften Rufes, trotz des gescheiterten Präsidentschaftswahlkampfes des Jahres 1960, trotz seiner erfolglosen Bewerbung um das Amt des kalifornischen Gouverneurs im Jahre 1962 und trotz der Entdeckung, daß er sich in seinen früheren Wahlkämpfen unlauterer Mittel bedient hatte, wurde er 1968 zum Präsidenten der Vereinigten Staaten gewählt.

Obwohl alle Beweise gegen ihn sprachen, als er die Watergate-Affäre, den größten politischen Skandal in der amerikanischen Geschichte, unter den Teppich zu kehren versuchte, bekam er noch beträchtliche politische Unterstützung aus dem Lager der Superpatrioten und derer, die meinten, im Interesse der nationalen Sicherheit seien eben besondere Geheimhaltungsbestimmungen zu beachten. Im Februar 1973, acht Monate nach dem Watergate-Einbruch, erklärte Präsident Nixon in einer Radiorede an die Nation, er werde im Kongreß eine Reihe von Gesetzen einbringen, die die Todesstrafe für Landesverrat, Sabotage, Spionage und andere Verbrechen gegen die amerikanische Nation in Aussicht stellen würden. Zu den Wehrdienstverweigerern, die nach Kanada geflohen waren, hatte er kurz zuvor erklärt: «Wir können ihnen keine Straffreiheit gewähren. Sie müssen für das bezahlen, was sie getan haben. Der Preis ist die vorgesehene Strafe für die Übertretung der Gesetze unseres Landes.»

Erst als die Tonbänder aus dem Weißen Haus seine Mittäterschaft und Unehrlichkeit eindeutig bewiesen, gelang es seinem Manipulationsgeschick und seiner Überredungskunst nicht mehr, die Tatsachen zu verdrehen und zu vertuschen. Er wurde als Opfer sowohl des Peter-Prinzips als auch des Nixon-Prinzips* entlarvt, womit bewiesen war, daß eine Fähigkeit, die beim Slippery Gulch Rodeo und auf vielen Stufen der Erfolgsleiter ein Aktivposten sein mag, zum Passivposten werden kann, wenn man das höchste Amt des Landes erreicht hat.

Nixon-Prinzip: Wenn zweimal Unrecht tun noch kein Recht macht, versuch es ein drittes Mal.

4
Weiter oben:
Trübe Aussichten

Wenn einer anfängt, nach einem bestimmten Posten zu schielen, beginnt der Zerfall seiner guten
Sitten.   —THOMAS JEFFERSON

Das Wirken des Peter-Prinzips in Politik und Regierung
wirft die immer wieder gestellte Frage nach möglichen
Ausnahmen von diesem Prinzip auf. Was ist mit den inkompetenten Leuten, die durch Studium kompetent werden? Können Unfähige auf eine Ebene befördert werden,
auf der sie fähig sind? Warum werden manche Unfähige
von ihren Vorgesetzten gut beurteilt?

Der ernsthafte Hierarchologe wird sich nicht mit der
einfachen Erklärung zufriedengeben, daß das Peter-Prinzip kein Gesetz, sondern ein Prinzip ist. Die Feststellung,
daß Menschen dazu *neigen*, zu ihrer Stufe der Unfähigkeit
aufzusteigen, macht noch keine Erklärung möglich für die
Fälle, in denen einzelne lieber auf ihrer Ebene der Fähigkeit bleiben. Wenn es sich nicht um ein Prinzip, sondern um
ein Gesetz oder um eine Regel handeln würde, dann müßten wirkliche Ausnahmen davon auch als solche identifi-
ziert werden, und es wäre notwendig, die einzelnen Fälle zu
erklären. Da die Hierarchologie eine Wissenschaft ist und
nach der vollständigen Wahrheit sucht, müssen wir auch die
scheinbaren Ausnahmen von diesem Prinzip erforschen.

COROLLARIUM 9: Das Peter-Prinzip hat mit der Evo-
lution eines gemeinsam: Es kennt kein Erbarmen.

Scheinbare Abweichung Nr. 1:
Der leise Lift

Menschen werden so lange befördert, bis sie ihre Stufe der Unfähigkeit erreicht haben. Daher kann von Beförderung im eigentlichen Sinne nur dann gesprochen werden, wenn eine kompetente Person befördert wird, die noch auf der Stufe ihrer Fähigkeit steht. Wenn dagegen ein Unfähiger von seiner Stufe der Unfähigkeit aus noch weiter hinauf befördert wird, handelt es sich um eine Pseudo-Beförderung.

> COROLLARIUM 10: Wenn ein Angestellter einmal seine Stufe der Unfähigkeit erreicht hat, setzt die Trägheit ein. Der Arbeitgeber arrangiert sich dann eher mit der Inkompetenz, als daß er den Angestellten entläßt und sich nach Ersatz umschaut.

Die sauberste Lösung des Problems, was man mit einem Unfähigen tun soll, ist, ihn aus dem Wege zu schaffen. Früher erledigte man das, indem man ihn vor die Tür setzte. Doch haben Gesetzesänderungen, die Aktivitäten der immer mächtiger werdenden Berufsverbände und Gewerkschaften und die Durchsetzung von Arbeitnehmerschutzbestimmungen dazu geführt, daß diese altmodische Methode immer seltener zur Anwendung kommt. Das ändert aber nichts an der Tatsache, daß es auch heute noch von größter Wichtigkeit ist, sich eines Unfähigen zu entledigen, wenn er eine Schlüsselposition blockiert.

Als Claude Hopper zum Abteilungsleiter – auf seine Ebene der Unfähigkeit – befördert wurde, gelangte er in eine solche Schlüsselposition. Damit konnte er in seiner

Abteilung die schlimmsten Verheerungen anrichten, und schon bald galt er als bedrohlicher Engpaß für das ganze Unternehmen. Der kompetente Geschäftsführer, Hew Main, erfaßte die Situation schnell und beförderte Hopper. Er gehörte von nun an zu den achtzehn amtierenden Vizepräsidenten der Firma. Mit anderen Worten: Er ließ ihn die Treppe hinauffallen. Moderner ausgedrückt: Diese Art der Personenbeförderung nach oben nennen wir «den leisen Lift».

Der leise Lift nützt dem Unternehmen in mehrfacher Hinsicht:

1. Er gibt allen Verantwortlichen die Möglichkeit, ihr Gesicht zu wahren, da die Tatsache verschleiert wird, daß Hoppers Beförderung zum Abteilungsleiter ein Fehler war. Statt dessen sieht es nun so aus, als sei dies ein kluger Schritt gewesen: Sieh an, der Hopper ist schon wieder befördert worden.

2. Der leise Lift ermutigt andere Angestellte, sich anzustrengen. Wenn sogar Hopper es geschafft hat, so schnell nach oben zu kommen, dann können sich auch die Kollegen noch Hoffnung machen.

3. Der leise Lift erlöst Hopper von der kritischen Stellung, für die er nicht geeignet ist, und hebt ihn in eine Position, in der er keinen Schaden anrichten kann.

4. Der leise Lift bewahrt Hopper davor, auf seiner Stufe der Inkompetenz ein verbitterter und unzufriedener Mensch und damit eine Gefahr für das Betriebsklima zu werden. Viel schlimmer wäre es für ihn, wenn man ihn wieder auf seine Kompetenzebene zurückversetzen würde. Die «Beförderung» dagegen empfindet er nicht als Herabwürdigung.

5. Der leise Lift erhöht und festigt die Hierarchie. Solange Hopper und andere immer wieder befördert werden

Osiandersche Buchhandlung
Barverkaufs-Quittung

Anz Titelgruppe Titelnr   Epreis Gpreis
- - - - - - - - - - - - - - - - - - - -

  1 Wirtschaft 123704   108,00 108,00
  1 Wirtschaft 380152   12,90 12,90
Gesamtbetrag: 120,90
 enthaltene MwSt: 7,91

Tübingen, 4. 7.1994
 Kasse 6/578-64

   Wir danken für Ihren Besuch.

und die Produktion zufriedenstellend läuft, funktioniert die Hierarchie.
6. Der leise Lift scheidet die Drohnen von den Arbeitern.

Je höher ein Unfähiger in der Pyramide einer Organisation steigt, desto mehr wird er zum Engpaß, und um so
dringender wird es notwendig, ihn geräuschlos zu «lif-
ten». Zum Glück sind Unternehmen und Behörden darauf
eingerichtet. Der Zahl der Vize-Präsidenten in einer Or-
ganistation sind keine Grenzen gesetzt. Wenn ein Direktor unfähig ist, kann er zum Generaldirektor der Firma
ernannt oder sogar Vorsitzender des Aufsichtsrats werden.

Obwohl der leise Lift eine Pseudo-Beförderung ist,
wird er selten abgelehnt, weil die neue Position mit mehr
Geld und einem höheren Status verbunden ist.

Unglücklicherweise gelten diese Vorteile der Privatin-
dustrie nicht für unsere Regierung. Die Gründerväter der
Vereinigten Staaten von Amerika haben trotz all ihrer
Weisheit versäumt, ein ungefährliches Amt für einen unfähigen Präsidenten zu schaffen. Um dies zu korrigieren,
empfehle ich als Sofortmaßnahme, dem Präsidentenamt
einen niedrigeren Rang zu geben und das Amt eines Generalpräsidenten zu schaffen.

Die Schaffung eines solchen Amtes auf übergeordneter
Ebene würde die Effektivität des Präsidentenamtes erhöhen. Der Generalpräsident könnte all die offiziellen Funktionen übernehmen, die den Präsidenten jetzt so viel Zeit
kosten, und dieser wäre endlich in der Lage, mit ganzer
Kraft seine Aufgabe als Regierungschef zu erfüllen und
sich den eigentlichen politischen Problemen zu widmen.
Der Generalpräsident wäre Staatsoberhaupt und könnte
seine Rolle bei allen offiziellen und feierlichen Anlässen

Gier bringt uns in größere Schwierigkeiten als Faulheit

spielen: Würdenträger empfangen, Bürgerabordnungen, Wohltätigkeitsorganisationen und Pokalsiegern Lob und Dank aussprechen. Er könnte Gastgeber von Staatsbanketten sein, Grundsteine legen, Bänder durchschneiden, Eröffnungsreden halten usw. Dann hätten die USA alle Vorteile einer konstitutionellen Monarchie ohne die Nachteile der feststehenden Erbfolge einer Königsfamilie. Der praktische Nutzen einer Trennung zwischen Staatsoberhaupt und Regierungschef ist zu weitreichend, um hier ausführlich dargestellt zu werden. Aber jeder vernünftige Mensch kann einsehen, wie vorteilhaft es wäre, wenn die offiziellen Funktionen nicht durch Parteipolitik und die Versuchungen beeinträchtigt werden würden, die mit dem Machtstreben verbunden sind.

COROLLARIUM 11: Gier bringt uns in größere Schwierigkeiten als Faulheit.

Verschiedene Präsidenten der USA erreichten herausragende Stufen der Unfähigkeit. Ulysses S. Grant regierte über zwei Amtsperioden im Weißen Haus, von 1869 bis 1877. Grant, Absolvent der West Point-Militärakademie und Berufsoffizier, mußte 1854 seinen Dienst bei der Armee wegen Trunksucht quittieren. Als der Bürgerkrieg ausbrach, ernannte man ihn zum Oberst und stellte einen zusammengewürfelten Haufen von Freiwilligen unter seinen Befehl. Auf Grund seiner Fähigkeiten und seines politischen Einflusses wurde er bald Befehlshaber der gesamten Unionsstreitkräfte. Nach dem Krieg wurde er zum Präsidenten gewählt. Unter seiner Amtsführung war der ganze Staatsapparat von Korruption verseucht. Prominente Republikaner wurden entlarvt, Gelder von der Eisenbahngesellschaft Union Pacific unterschlagen zu haben. Regierungsbeamte waren in eine Whisky-Affaire verwickelt, bei der von der Regierung dringend benötigte Steuer-Dollars unterschlagen wurden, und sein Kriegsminister wurde beschuldigt, Schmiergelder anzunehmen.

Woodrow Wilson, der vor seiner Wahl zum Präsidenten der USA die Princeton University geleitet hatte, hatte eine starke erste Amtsperiode mit eindrucksvollen Leistungen in der Gesetzgebung. Er war ein bewunderter Staatsmann, ein Pazifist und der geistige Vater des Völkerbundes. Die Wiederwahl gewann er nur knapp mit dem Slogan: «Er hielt uns aus dem Krieg heraus.» Einen Monat nach seiner zweiten Amtseinführung war Amerika in den Ersten Weltkrieg eingetreten. 1919 erlitt er einen Schlaganfall, der seine körperlichen und geistigen Kräfte deutlich schwächte. Da Wilson viele seiner Pflichten nicht mehr erfüllen konnte, übernahm seine Frau Edith Bolling Galt Wilson das Ruder. In den noch verbleibenden siebzehn Monaten seiner Amtszeit führte sie alles andere als kompetent die Regierungsgeschäfte des Präsidenten. Der Kongreß lehnte sich dagegen auf, war aber nicht in der Lage, ihr die Zügel zu entreißen.

Warren C. Harding, der neunundzwanzigste Präsident, wurde 1920 mit 60,3 Prozent der Stimmen gewählt – das war das bis dahin beste Wahlergebnis eines US-Präsidenten. Sein Wahlslogan war: «Zurück zum Normalen.» Wenn, wie Skeptiker meinen, Korruption in der Regierung normal ist, hat die Harding-Regierung ihr Versprechen gehalten. Hardings kaum geführtes Kabinett bestand aus Günstlingen und unqualifizierten Freunden. Als sein Innenminister Erdölreserven aus Regierungsbesitz an Geschäftsfreunde «vermittelte», war der Skandal perfekt. Harding gab selbst zu: «Ich bin für dieses Amt nicht geeignet. Ich hätte es nie übernehmen dürfen.»

Präsident Richard M. Nixon hat mehr getan als jeder andere Präsident, um die amerikanische Politik zu entehren und Amerikas Glauben an sich selbst zu zerstören. Er hat gelogen und Spionage getrieben, die Presse beschimpft, die Gerichte mißachtet und den Kongreß beleidigt. Wenn er zum Generalpräsidenten befördert worden wäre, als der Watergate-Skandal herauskam, wäre es dem Land erspart geblieben, sich zwei Jahre lang mit der Frage herumzuquälen, wieviel er gewußt hat und seit wann. Und die schmerzliche Entscheidung, Anklage gegen diesen Präsidenten zu erheben, wäre vermieden worden.

Jeder dieser Präsidenten war aus einem anderen Grunde inkompetent, aber gute Generalpräsidenten wären alle gewesen. Grants Trinken, Wilsons schlechte Gesundheit, Hardings unselige Geschäftsverbindungen und Nixons Unehrlichkeit hätten die symbolischen Rituale des Staatsoberhaupts ohne konkrete Regierungspflichten nicht gestört. In der Tat sind ja Ehrlichkeit und Nüchternheit nicht selten Störfaktoren beim politischen Handeln.

Was immer die Fehler Richard Nixons gewesen sein mögen, er hätte das Zeug dazu gehabt, unser größter Generalpräsident zu werden. In dem Selbstgefühl, das die Beförderung in dieses neue und allerhöchste Amt des Landes ihm gegeben hätte, wären seine Fähigkeiten bestimmt zur vollen Blüte gekommen. Er war der einzige amerikanische Präsident, der während seiner Amtszeit alle fünfzig US-Staaten besucht hat. Er öffnete China und war international sehr anerkannt.

Er war kein netter Mensch oder feiner Kerl, aber er hatte im Umgang eine Förmlichkeit, die geeignet war, dem Ansehen des Landes eine gewisse Würde zu verleihen. Er war ein Freund von Orden, Emblemen und Uniformen. Deshalb wollte er die Uniform des Marine-Wachregiments des Weißen Hauses mit Litzen, Borten und Messingknöpfen in ein Operettenkostüm verschönern. Die Feiern zu seinem Amtsantritt 1972 haben vier Millionen Dollar gekostet und waren mit ihren Paraden, Konzerten, Empfängen und Bällen geradezu ein Bombenerfolg.

Das Amt des Generalpräsidenten wäre nie vakant gewesen, da die bisherigen Präsidenten alle in dieses Amt hätten geliftet werden können. Und mehrere Generalpräsidenten zur gleichen Zeit könnten nur von Vorteil sein.

COROLLARIUM 12: Personen in der höchsten Position einer Hierarchie neigen dazu, all ihre Zeit mit trivialem Kleinkram zu verbringen.

Das Präsidentenamt hat noch einen anderen großen Schwachpunkt, den erfolgreiche Industriefirmen nicht haben. Wenn diese einen neuen Präsidenten brauchen, greifen sie auf ihren meist übergroßen Vorrat an Vizepräsidenten zurück. Wenn nun einer ausgewählt wird, der als Vizepräsident noch nicht auf seiner Stufe der Unfähigkeit angekommen ist, dann ist die Wahrscheinlichkeit, daß er ein kompetenter Präsident sein wird, deutlich erhöht. Unsere Regierung ist da nicht so gut dran. Wenn während der laufenden Amtsperiode ein Präsident ersetzt werden muß, entweder weil er verstorben ist oder wegen irgendeiner Verdächtigung oder weil er (das wäre zu hoffen) durch den leisen Lift zum Generalpräsidenten befördert wurde, dann sitzen wir da mit nur einem einzigen möglichen Kandidaten.

Wenn man Woodrow Wilson zum Generalpräsidenten ernannt hätte, wäre Thomas Marshall zum Präsidenten befördert worden. Auf die Frage, ob er Präsident werden wolle, sagte er, der bloße Gedanke mache ihn schon krank. Und als man ihn fragte, was er täte, wenn er nun doch Präsident würde, da stöhnte er: «Ich mag nicht einmal daran denken.» Marshall hat nie an Kabinettssitzungen teilgenommen. Er sagte, wenn er die 75 000 Dollar Präsidentengehalt nicht bekomme, dann wolle er auch die Präsidentenarbeit nicht tun. In die Geschichte ist dieser Mann eingegangen mit seiner tiefsinnigen Beobachtung: «Was dieses Land braucht, ist eine gute Fünf-Cent-Zigarre.»

Mehr als fünfzig Jahre später, als Vizepräsident Spiro Agnew wegen Korruption aus dem Amt flog, hatten wir schließlich einen Präsidenten Gerald Ford, der nicht einmal zum Vizepräsidenten gewählt worden war. Da es menschliche Unzulänglichkeiten nun einmal gibt, sollte sich unser Land einen Vorrat an Vizepräsidenten halten. Wenn ein Privatunternehmen zwanzig Vizepräsidenten für notwendig hält, warum sollte dann eine Supermacht wie Amerika mit nur einem einzigen auszukommen versuchen?

Scheinbare Abweichung Nr. 2:
Die seitliche Arabeske

Wenn ein Unfähiger eine Schlüsselposition besetzt und als Engpaß wirkt, der die Funktionsfähigkeit seiner ganzen Organisation behindert, kann dieses Problem schnell dadurch gelöst werden, daß man ihn aus dem Wege schafft, entweder nach oben («leiser Lift») oder zur Seite («seitliche Arabeske»). Im Idealfall bekommt der Beförderte bei der seitlichen Arabeske einen längeren und eindrucksvolleren Titel, während er in einen entlegenen Winkel des Gebäudes versetzt wird. In der Regierung oder in großen Unternehmen kann das heißen: Versetzung in ein anderes Büro, einen anderen Bezirk oder ein anderes Land. Solange diese schmückende Pseudo-Beförderung denjenigen, die außerhalb der Hierarchie stehen, imponiert, ist dies eine erfolgreiche Maßnahme: Die Hierarchie bleibt erhalten.

General William C. Westmoreland, von 1964 bis 1968 Befehlshaber der US-Streitkräfte in Vietnam, leitete die Schlacht von Khe Sanh und die amerikanische Verteidigung von Saigon während der Tet-Offensive. Der amerikanischen Öffentlichkeit wurde nunmehr klar, daß wir in einen Krieg verwickelt waren, den wir nicht gewinnen konnten. Westmoreland bezeichnete dies als «Untergangsgerede» und forderte eine Truppenverstärkung von 206000 Mann. Das war zuviel. Präsident Lyndon Johnson verschrieb Westmoreland mit Wirkung von Juni 1968 eine «seitliche Arabeske» zurück nach Washington als Stabsoffizier und ernannte General Creighton W. Abrams zum Kommandeur der US-Streitkräfte.

Die milde, leicht verträgliche Form der «seitlichen Arabeske» und des «leisen Lifts» und die erfreulichen Ergebnisse, die man erzielt, wenn man die Betroffenen nach oben oder zur Seite befördert, machen diese Verfahren zu einer echten Alternative, wenn ein einfacher Rausschmiß nicht möglich ist.

Scheinbare Ausnahme Nr. 3: Ausschluß aus der Hierarchie

Verehrte Leser, zweifellos fragen Sie sich, *warum* Unfähige nicht einfach gefeuert werden. Manchmal, unter außergewöhnlichen Umständen, werden sie tatsächlich rausgeschmissen! Aber die Leute bei Akme Blei und Zinn GmbH stiegen auf bis zu ihrer Stufe der Inkompetenz und blieben dann da, weil diese Hierarchie darauf eingerichtet war, beide zu versorgen, die Fähigen und die Unfähigen. Solange Inkompetenz die Hierarchie nicht bedroht, wird sie gewöhnlich vom System toleriert. Die Gründe hierfür werden uns noch klar werden, aber erst einmal müssen wir begreifen, daß eine Hierarchie aufgebaut wird, um eine Ordnung aufrechtzuerhalten, und nicht, um Unfähigkeit auszumerzen oder Fähigkeiten zu entdecken und zu belohnen. Wenn eine Organisation gegründet wird, dann gewöhnlich mit dem Ziel, bestimmte Dinge zu tun. Aber man kann nicht davon ausgehen, daß eine Organisation, nur weil sie in guter Absicht gegründet wurde, auch Gutes vollbringt. Wenn die Hierarchie einmal aufgebaut ist, wird ihre Existenz zum Selbstzweck. Bei Akme murkst Jerry Attrick als geschäftsführender Direktor so vor sich hin, und die anderen gehen nur deshalb nicht unter, weil die, die unter ihnen sind, genügend Kompetenz haben, um sie mit über Wasser zu halten.

COROLLARIUM 13: Es ist schwieriger, einen Job zu kriegen, als ihn zu behalten.

Arbeitskräfte werden bei ihrem ersten Job vielleicht noch auf der Ebene der Kompetenz ausgesucht, aber wenn sie aufsteigen, werden sie vermutlich so eingestuft, wie die Normalverteilungskurve das zeigt: Die Gruppe der mäßig Befähigten bildet die Mehrheit, die Fähigen und Unfähigen bilden Minderheiten, wie die Grafik zeigt.

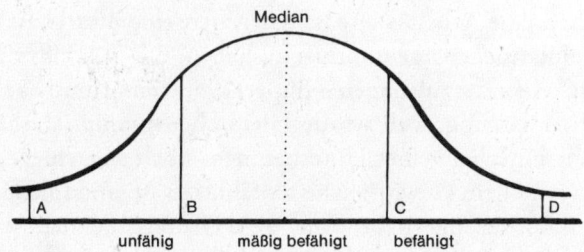

Es gibt zwei kleine Gruppen von Individuen, die nicht in dieses Schema passen: die Superkompetenten und die Superinkompetenten. Ein Superkompetenter ist jemand, der erkennt, wie man etwas besser machen kann. Als Lou Cid, Geschäftsführungsassistentin in der Akme Blei und Zinn GmbH, ein einfaches und praktisches Formular entwarf,

um vierzehn verschiedene Formulare im hausinternen
Verkehr zu ersetzen, empörte das Ann Jyna, die sich die
meisten der vierzehn Formulare ausgedacht und ein ausgeklügeltes Ablagesystem dafür entwickelt hatte. Lou Cid
konnte von Ann Jyna kaum viel Gegenliebe für ihren Ver-
besserungsvorschlag erwarten. Wenn sie das neue Formular ohne Genehmigung von oben eingeführt hätte, wäre
das eine «Überschreitung ihrer Kompetenzen» gewesen.
Und wenn sie ihren Entwurf dem Chef Jerry Attrick vorgelegt hätte, dann hätte man ihr vorgeworfen, den
«Dienstweg nicht eingehalten» zu haben oder ihre Vorgesetzte zu übergehen. Welchen Weg sie auch gegangen
wäre, man hätte bei ihrer Kündigung auf diesen Punkt an-
gespielt – mit Sprüchen wie «Sie scheinen hier nicht glücklich zu sein», «Sie sind unzufrieden und können sich nicht
in unseren Arbeitsrahmen einfügen», «Wir sind sehr stolz
auf Miss Jyna und können nicht verstehen, warum Sie sich
nicht an die Arbeitsweise halten, die sie eingeführt hat. Sie
scheinen sich vorgenommen zu haben, das ganze System
durcheinanderzubringen.» Superkompetenz führt häufig
zur Entlassung, weil sie die Hierarchie sprengt. Deshalb
ist sie innerhalb eines Unternehmens noch anrüchiger als
Unvermögen. Gewöhnliche Unfähigkeit ist ein Hindernis
für Beförderungen, aber sie ist kein Grund für eine Entlassung.

Die andere Möglichkeit, die ein Unternehmen hat, sich
gegen störende Einflüsse durch Superkompetente zu
schützen, ist Isolation. Mrs. Abel, eine superkompetente
Lehrerin für Schulanfänger, konnte nicht entlassen werden, weil sie eine feste Anstellung hatte, ihre Befugnisse
nicht überschritt und darauf achtete, daß sie ihren Vertrag
einhielt. Indem man sie im Kellergeschoß der Schule un-
terbrachte und von den meisten Aktivitäten der Kollegen

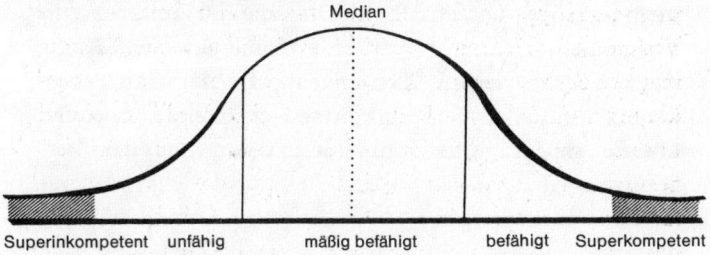

Median

Superinkompetent   unfähig   mäßig befähigt   befähigt   Superkompetent

und der Schule ausschloß, wurde ihre Gefährlichkeit für die Organisation reduziert, obwohl ihre erfolgreichen Unterrichtsmethoden immer noch eine Bedrohung waren für die althergebrachte Arbeitsweise. Jedes Jahr mußte der Schulleiter sich mit den Beschwerden der Lehrer aus der zweiten Klasse auseinandersetzen, die klagten, daß die Schüler von Mrs. Abel nicht in den Jahrgang paßten, weil sie schon so viel vom Stoff dieser Klasse beherrschten und immer schon Dinge ausprobieren wollten, die über ihre Altersstufe hinausgingen.

Der andere Angestelltentyp, der die Hierarchie bedroht und daher Gefahr läuft, entlassen oder isoliert zu werden, ist der Superinkompetente. Als Jerry Attrick von der Akme Gewichte und Senkbleie GmbH aufstieg zum Leiter der Akme Blei und Zinn GmbH, bewegte er sich vom Niveau mittlerer Befähigung auf seine Stufe der Unfähigkeit. Das störte die Hierarchie noch nicht. Aber wenn er durchgreifende Änderungen im Produktionsablauf vorgenommen hätte, die zum Verlust von Marktanteilen geführt hätten, wäre er zum Superinkompetenten geworden – und damit Kandidat für eine Entlassung. Wenn Mal Larkys moralische Inkompetenz an den Punkt gekommen wäre, wo er große Summen von

Firmengeldern unterschlagen hätte, dann wäre für ihn die
Ebene der Superinkompetenz erreicht gewesen. Angestellte dieser beiden Extremgruppen, der Superkompetenz und der Superinkompetenz (siehe erweiterte
Grafik), sind Kandidaten für eine Entlassung aus der Hierarchie.

Scheinbare Ausnahme Nr. 4:
Der freischwebende Gipfel

Der Anblick eines Verwaltungsmannes mit nichts unter
sich, was er verwalten könnte, hat einige Beobachter verwirrt. Sie fragen mich: «Wie kommt der da hin? Es gibt
keine Hierarchie unter ihm, die als Stufenleiter zu seiner
Ebene hinaufführt.» Diese seltsame Situation kann auf
zweierlei Weise zustandekommen. Entlassungen fangen
immer an der Basis der hierarchischen Pyramide an. Die
leitenden Herren (oder Damen) sind immer die letzten,
die gehen müssen. «Zuletzt geheuert, zuerst gefeuert» und
andere hierarchiepolitische Maßnahmen können schließlich eine Pyramide zustandebringen, die nur noch aus der
Spitze besteht ohne jeden stützenden Unterbau. So ein
freischwebender Gipfel kann auch entstehen, wenn eine
Abteilung einer anderen Abteilung angegliedert wird
und der Abteilungsleiter ohne rechte Abteilung zurückbleibt.

Scheinbare Ausnahme Nr. 5:
Hierarchiewechsel

Kritiker des Peter-Prinzips sind immer ganz versessen darauf, mir Beispiele vorzuhalten, wo Leute doch von Inkompetenz zur Kompetenz aufgestiegen sind. Ihrer Ansicht nach ist Harry S. Trumans Mißerfolg als Kaufmann und sein Erfolg als Politiker ein Beweis dafür, daß das Peter-Prinzip ungültig ist. Natürlich beweisen sie damit nur ihre eigene Unfähigkeit, weil sie das Prinzip nicht genau gelesen haben. Es lautet ja doch: «In einer Hierarchie ...» Truman hat aber die Hierarchie, in der er versagt hat, verlassen und wechselte über in eine andere Hierarchie, in der er Erfolg hatte. Hierarchiewechsel erklären, warum viele frühere Niederlagen zu Erfolgen werden können.

Billy Bishop galt als der «schlechteste Schüler, den das Royal Military College jemals hatte», aber er wurde ein kanadischer Held im Ersten Weltkrieg, ein Jagdflieger-As, weil er eine Rekordzahl feindlicher Flugzeuge abschoß. Dieser Erfolg beruhte auf zwei zuvor kaum gewürdigten Eigenschaften: Er hatte außergewöhnlich gute Augen und war ein hervorragender Schütze. Die Stadt Owen Sound in Ontario litt unter einer Eichhörnchenplage, und Bishops Vater bot 25 Cent für jedes tote Eichhörnchen. Billy Bishops Geschicklichkeit, Eichhörnchen abzuknallen, kostete Vater Bishop ein kleines Vermögen. Billy konnte *vor* ein laufendes Eichhörnchen schießen und traf es immer. Auf dem Kriegschauplatz in Frankreich hatte er keine Lust, gefangengenommen zu werden, und wollte kein Risiko eingehen. Seine Fähigkeiten als Eichhörnchenjäger halfen ihm als Jagdpilot sehr. Er machte die gefährliche Verfolgungsjagd auf gegnerische Maschinen so kurz wie möglich. Er brachte sie schnell in Schußweite, schoß und drehte sofort wieder ab. Seine Begabung, zu töten, wurde beim Militär hoch geschätzt, aber in dieser Branche konnte er als Zivilist keine erfolgreiche Karriere aufbauen.

Ulysses S. Grant versagte als Farmer und als Geschäftsmann, jedoch in der Militärhierarchie des Mexikanischen Krieges und des Bürgerkrieges stieg er auf zu außergewöhnlichem Erfolg, weil er ein fähiger und geschickter Offizier war. Später, als er in eine andere Hierarchie – die politische – versetzt wurde, hat er sich Mitarbeiter ausgesucht, die sogar die an sich schon schmutzige Politik in den Dreck zogen.

Scheinbare Ausnahme Nr. 6: Beförderung auf Bewährung

Manchmal landet ein Beförderter auf einer neuen hierarchischen Ebene und ist zunächst unsicher, ob er das Geforderte auch kann. Vielleicht liegt ihm das Arbeitsgebiet, aber vielleicht fehlt es ihm an speziellen Erfahrungen, an Wissen und Fertigkeiten für die vor ihm liegende Aufgabe. Mit der Zeit wird er durch Erfahrung und Übung kompetent. Mit anderen Worten: Er scheint anfangs ein Opfer des Peter-Prinzips zu sein, aber später beweist er, daß dem nicht so ist. Dies sollte eine Warnung sein, über die Befähigung eines Neuernannten nicht zu schnell zu urteilen. Geben Sie ihm einige Zeit, in die neue Position hineinzuwachsen, bevor Sie darüber entscheiden, ob er seine Stufe der Inkompetenz erreicht hat. Wenn er die Befähigung hat, werden Ausbildung und Zeit ihm helfen. Wenn er allerdings keine Eignung für den Job hat, kann gar nichts helfen.

Es gibt Leute, die der Ansicht sind, daß ein Individuum in allem erfolgreich sein kann, wenn es sich nur ernsthaft genug bemüht. Aber meine Beobachtungen können diese Auffassung nicht unterstützen. Cal Luss bei Akme war kompetent im Umgang mit Metallen, aber er hatte Schwierigkeiten im Umgang mit Menschen. Je mehr er sich um seine Mitarbeiter kümmerte, um so schlimmer schien es zu werden. Jerry Attrick bekam so viele Beschwerden, daß er Cal mit Assistenten umgab, die mit Angestellten umgehen konnten, und diese hatten dann mit dem Personal direkt zu tun. Die Abteilung Metallurgie lief so gut, daß jeder darüber sprach, wie gut Cal in seine Aufgabe hineingewachsen war. In Wirklichkeit war der Bereich reduziert worden auf das Maß von Cals Möglichkeiten. Das Hineinwachsen in eine Aufgabe liegt vielen Erfolgsgeschichten zugrunde, wo man dem Helden einfach zutraut, er werde sich schon «freischwimmen».

Winston Churchill war in den dreißiger Jahren als Politiker ein Reinfall, aber seit 1940 ein überaus erfolgreicher Kriegspremier. *Er* hatte sich nicht verändert; seine Aufgabe war eine andere geworden. Politik in Kriegszeiten und Politik in Friedenszeiten sind zwei ganz verschiedene Dinge. Er war ein schlechter Gefolgsmann, aber ein starker Führer. Er hatte nicht die Geduld und das Fingerspitzengefühl, die man in Friedenszeiten als Politiker in einem demokratischen Staat braucht, aber als die Lage sich änderte und ein Führer gebraucht wurde, der die Nation in den Kampf führte, war er dazu bereit und befähigt. Er war nicht von einer Niederlage zum Erfolg aufgestiegen, sondern die Aufgabe hatte sich geändert, und infolgedessen war er erfolgreich.

Scheinbare Ausnahme Nr. 7:
Der paternalistische Zugang

In Familienunternehmen war es früher Brauch, daß die Söhne in die Firma ihres Vaters eintraten in der Überzeugung und Absicht, daß der älteste Sohn schließlich in die Fußstapfen des Vaters tritt. Eine bevorzugte Behandlung der Söhne wurde als ein Privileg des Firmeneigentümers toleriert. Das ist der paternalistische Zugang. Dieser beschleunigte Aufstieg des Sohnes, der Nachfolger seines Vaters werden sollte, brachte den Erben in erheblich jüngeren Jahren auf seine Stufe der Inkompetenz, als das normalerweise der Fall gewesen wäre. Da das Geschäft in der Familie bleiben sollte, hatte der Vater seinen Sohn zum Nachfolger bestimmt, auch wenn dieser der Aufgabe nicht gewachsen war.

In heutigen Bürokratien wird die Vaterrolle vom «großen Bruder» übernommen. Regierungsposten werden nach Stellenplan mit Beamten besetzt. Das Budget einer Dienststelle hängt davon ab, wie viele Planstellen sie hat. Deshalb ist es so wichtig, auf einen leeren Stuhl jemanden draufzusetzen. Ob die Arbeit überhaupt gemacht werden muß oder ob der Stelleninhaber überhaupt fähig ist, sie zu leisten, ist daneben von zweitrangiger Bedeutung.

Was man sich klarmachen muß beim paternalistischen Zugang oder beim Planstellenspiel der Beamten, ist, daß diese Methoden allein den Zweck haben, eine bestimmte Position in der betreffenden Organisation zu besetzen. Mehr von ihnen zu verlangen, ist unfair.

*Unzählige Berufe ändern sich durch den
technischen Fortschritt*

Scheinbare Ausnahme Nr. 8:
Die kaputte Sprosse

Kritiker des Peter-Prinzips verweisen immer gern auf Beispiele, wo ursprünglich kompetente Personen inkompetent wurden, während sie auf derselben Stufe blieben. Wenn so etwas vorkommt, ergibt sich bei einer genaueren Prüfung, daß dies keine Verletzung des Peter-Prinzips ist.

Das Mißverständnis rührt daher, daß wir als Symbol für den Weg zum Erfolg die Leiter benutzen. Die «Erfolgsleiter» ist auch ein geeignetes Bild, aber wir übersehen vielleicht, daß sowohl die wirkliche Leiter als auch die «Erfolgsleiter» eine brüchige Sprosse haben kann. Der Maler, der durchaus fähig ist, ein Haus anzustreichen, wird unfähig, wenn die Sprosse unter seinen Füßen kracht. Seine Situation gleicht der des Sardinenfischers von Monterey, nachdem die Sardinen aus der Bucht verschwunden waren – die Sprosse, auf der er kompetent war, ist verschwunden.

In den Zeiten von Pferd und Wagen hatten die Kutschenbauer, Schmiede, Geschirrmacher, Stellmacher und Peitschenhersteller eine geachtete und finanziell sichere Position in der Wirtschaftsordnung. Die Massenproduktion und die Beliebtheit der Automobile veränderten alles. Die Leute in diesen schönen und nützlichen Handwerksberufen wurden weder durch Beförderung noch durch Nachlassen ihrer Fähigkeiten, sondern einfach dadurch überflüssig, daß sie bei dem blieben, was sie gut beherrschten. Die Sprosse, bis zu der sie aufgestiegen waren und auf der sie als tüchtige Handwerker (auf «goldenem Boden») sachverständig gearbeitet hatten, war verschwunden.

Genauso verändern sich unzählige andere Berufe durch den technischen Fortschritt, und ein hochbefähigter Mensch auf irgendeiner Sprosse der Leiter wird dadurch unbrauchbar, daß er nicht mit der Zeit geht oder seine Stellung nicht schnell genug wechselt, wenn man an seiner Sprosse die ersten Risse und Spalten erkennen kann.

Personen, die auf eine, wie sie meinen, sichere Stufe der Kompetenz aufsteigen und dort stur ausharren und auf veränderte Bedingungen gar nicht eingehen, können ein Opfer der verzögerten Inkompetenz werden, weil ihre vorhergehende Stufe der Kompetenz nicht mehr existiert.

> «Es liegt in der Natur des Menschen, wenn er älter wird, gegen Veränderungen zu protestieren – besonders gegen Veränderungen zum Guten hin.»
> – JOHN STEINBECK

Scheinbare Ausnahme Nr. 9: Diskriminierung des Geschlechts

Das Peter-Prinzip unterstützt die Gleichberechtigung von Mann und Frau im Berufsleben. Warum habe ich dann hauptsächlich über Männer geschrieben, die bis zu ihrer Stufe der Unfähigkeit in hohen Ämtern aufgestiegen sind? Weil bis vor kurzem rechtliche und soziale Vorurteile Frauen daran gehindert haben, bestimmte Berufe zu ergreifen und hohe Positionen zu erreichen. Obwohl inzwischen viele gesetzliche Hindernisse beseitigt sind, leben die alten Vorstellungen vom Mann als Leiter und Führer doch weiter.

> «Eine Frau muß zweimal so gut sein wie ein Mann, um nur halb so viel zu erreichen.» – FANNY HURST

Gesetze und gesellschaftliche Schranken haben einige Frauen davor bewahrt, zu ihrer Stufe der Unfähigkeit aufzusteigen, während sie unzählige andere daran gehindert haben, ihre Fähigkeiten zu entwickeln und in allen Bereichen des menschlichen Lebens voll mitzuwirken. Als diese diskriminierenden Hindernisse durchlässiger wurden, konnten wir immer mehr Frauen erfolgreich in Führungspositionen aufsteigen sehen.

PETERS GESCHLECHTER-PRINZIP: Die meisten Hierarchien wurden von Männern aufgebaut, die auch die höchsten Positionen für sich selbst reservierten und damit den Frauen die Gelegenheit raubten, die ihnen zustehende Stufe der Unfähigkeit zu erreichen.

Damit die Frauen ihr Potential ausschöpfen können, ist es für sie wichtig, daß man ihnen ihr Potential nicht nimmt: das der Fähigkeit und das der Unfähigkeit.

Obgleich die Männer auf eine lange Geschichte des Aufstiegs zur Unfähigkeit zurückblicken können, gab es doch da, wo Männer und Frauen gleichermaßen beteiligt sind (etwa als Gastgeber einer Talk-Show, als Schauspieler und als Prominente aller Art), einige Anzeichen dafür, daß Frauen über dieselbe Begabung verfügen, Fehler zu machen. In den fünfziger Jahren, als Virginia Graham eine Talk-Show moderierte, diskutierte sie mit Angie Dickinson über das Thema Mutterschaft. Virginia fragte Angie nach ihrer Tochter: «Wie alt war sie, als sie geboren wurde?»

Myrna Loy wurde die Hauptrolle in *It Happened One Night* angeboten, Frank Capras filmischem Meisterstück. Sie dachte, der Film würde kein Erfolg werden, weil ein großer Teil der Handlung in einem Bus stattfand, und lehnte ab. Es wurde einer der größten Erfolge in der Filmgeschichte. Claudette Colbert spielte die Rolle und gewann einen Oscar.

Für das unsinnigste Tun einer Frauengruppe geht der erste Preis nach Ortow in England. Die Männer der Stadt hatten Frauen den Besuch im einzigen Pub des Ortes verboten. Die Frauen schlugen zurück. Sie verkündeten, aus Protest gegen diesen Ausschluß würden sie den Pub nun boykottieren.

Es ist sehr schwierig, politische Kompetenz objektiv zu beurteilen, wegen der großen Rolle, die die Parteien spielen. Aber wenn es die Aufgabe der Umweltschutzbehörde ist, die Umwelt zu schützen, dann war Anne Gorsuch Burford in vieler Hinsicht objektiv unfähig. Als Chefin dieser Behörde richtete sie ihr Büro zwei Meilen vom Dienstgebäude ihres Amtes entfernt ein, und zwar in Raum Nr. 6124 des Innenministeriums. Sie organisierte die Umweltschutzbehörde um und löste ausgerechnet die Überwachungsabteilung auf. Sie unterstützte Bestrebungen, die zulässigen Abgaswerte für Autos zu verdoppeln. Die regionalen Zweigstellen der Behörde wurden praktisch überflüssig, da alle Entscheidungen zur Genehmigung nach Washington gehen mußten, und alle, auch die allerkleinsten Entscheidungen, mußten von Mrs. Burford persönlich abgezeichnet werden. Was die Umwelt anging, war diese Frau eine Katastrophe. Politisch erregte sie den Zorn sowohl der Linken als auch der Rechten. Verwaltungstechnisch war ihre Behörde ein Chaos. Sie versagte sogar darin, sich selbst und ihre Position zu schützen.

> «Der Präsident will keine Ja-Sager und keine Ja-Sagerinnen um sich herum haben. Wenn er nein sagt, sagen wir alle nein.»
> – ELIZABETH DOLE, Assistentin von Präsident Reagan

Frauen haben immer indirekte Macht gehabt durch ihren
Einfluß auf die Männer

Frauen haben immer *indirekte* Macht gehabt durch ihren
Einfluß auf die Männer und dadurch, daß sie die Kinder
aufziehen, obwohl ihnen eigene direkte Macht verweigert
wurde. Aber sogar im häuslichen Bereich ist es möglich,
zur Inkompetenz aufzusteigen.

> «Die Hand, die die Wiege hält, bewegt die Welt.»
> – PETER DE VRIES

In einem Artikel im *Washington Star* hat Janet Kamnikar
beschrieben, wie die Rolle der Mutter sich mit der Zeit
verändern kann. «Neulich hatte ich eine Offenbarung des
Peter-Prinzips in meinem eigenen Leben. Es wurde mir
klar, daß ich durch den Umzug in ein Haus mit vier Schlaf-
zimmern tatsächlich auf meine Stufe der Unfähigkeit befördert worden war. Mit zwei Kindern und unserem vorigen kleinen Haus konnte ich klarkommen – aber das war

noch lang kein Nachweis dafür, daß ich befördert werden sollte.»

Weiter beschrieb sie eine Nachbarin, die in ihrer Mutterrolle auch das Walten des Peter-Prinzips erlitten hatte, wenn auch auf ganz andere Weise. Sie war eine auffallend tüchtige Mutter von Babys, Klein- und Schulkindern. Aber als sich diese Mutter mit einem Teenagerkind konfrontiert sah, war dies ihrUntergang.

COROLLARIUM 14: Chancengleichheit heißt, das jeder seine faire Chance bekommt, seine Unfähigkeit zu beweisen.

Scheinbare Ausnahme Nr. 10: Umkehr-Peter

Ein «Umkehr-Peter» ist ein Angestellter, der völlig in Anspruch genommen ist vom Input und vollkommen desinteressiert am Output. Normalerweise organisieren wir Arbeitskräfte und Arbeitsabläufe, um irgend etwas zu erreichen, zustandezubringen – unser Tun ist Mittel zum Zweck. Bürokratien haben die Tendenz, Dienstpersonen und Dienstwege zum Selbstzweck zu erheben. In einem Produktionsbetrieb wird ein Angestellter nach seinem Output beurteilt – wieviel Stück er produziert, wieviele Aufträge er ausführt und wieviele Kunden er bedient. In einer Bürokratie ist es wahrscheinlicher, daß ein Angestellter nach dem Input beurteilt wird – nach dem Einhalten der Regeln und Rituale, dem Aufrechterhalten des Status quo, dem Schützen der Hierarchie.

Wo der Input das Wichtigste ist, da stehen Ritualverhalten, Übereinstimmung mit dem gewohnheitsmäßigen

«Icks arbeitet reibungslos»

Trott, geziemender Respekt gegenüber der Autorität und Papierkrieg meist in hohem Ansehen. «Icks arbeitet reibungslos.»

«Ypsilon ist verläßlich und hilfsbereit.»

«Zett ist vertrauenswürdig.»

Was dabei herauskommt, ist einfach nicht so wichtig wie die Einhaltung des Dienstweges. Das ist eine Umkehrung von Mittel und Zweck, wo der Papierkrieg selbst wichtiger ist als der Zweck, für den er geführt wird.

Wenn Steuerzahler, die eine Auskunft brauchen, Patienten, die medizinische Hilfe suchen, Kunden, die bedient werden möchten, auf einen «Umkehr-Peter» treffen, werden sie überzeugt sein, einen sturen, gefühllosen Unfähigen vor sich zu haben. Aber für die Bürokratie kann der «Umkehr-Peter» sehr wertvoll sein wegen seines Beitrags zum reibungslosen Funktionieren der Hierarchie. Der «Umkehr-Peter» verursacht keine Reibung, hält alle Regeln ein, duldet keine Abweichungen in der Arbeitsweise, nicht einmal in Notfallsituationen, und vor allen Dingen stützt er widerspruchslos die innere Ordnung der Organisation.

Der «Umkehr-Peter» sieht die Menschen nicht als die Öffentlichkeit, die bedient werden muß, sondern sie sind ihm eine Quelle für die Informationen, die er braucht, um die Formulare der Organisation ausfüllen zu können, sie dienen seinen Ritualen und der Datenbank. Die einfache Frage eines Bürgers wird beantwortet mit: «Ja, aber ich darf Ihnen diese Auskunft nicht geben.» – «Dazu kann ich nichts sagen. Wenn Sie Ihr Gesuch einreichen, werden wir Ihre Anfrage prüfen.» – «Wenn Sie mal in dieser Reihe warten wollen, dann wird der Auskunftsbeamte Ihnen sagen, in welcher Reihe Sie warten müssen.»

Das Staatsschiff

Wir haben gesehen, daß die vermeintlichen Ausnahmen vom Peter-Prinzip in Wirklichkeit nur ein deutlicher Beweis für die Gültigkeit dieses Prinzips sind. Nicht nur Einzelpersonen steigen auf bis zu ihrer Stufe der Unfähigkeit; ganze Abteilungen können wirkungslos und nutzlos werden. Die folgenden Beispiele veranschaulichen, wie Inkompetenz sich im Beamtenapparat offenbart.

> «Es ist schwer, sich persönlich verantwortlich zu fühlen im Hinblick auf die unsichtbaren Vorgänge in einer riesigen Regierung irgendwo weit weg.»
> – John Gardner

Das Veteran's Administration Medical Center in Long Beach hat einen Umlauf an die Angestellten herausgegeben: Wenn am Telefon Morddrohungen gegen den Präsidenten geäußert würden, dann sollen sie sich «nach Möglichkeit den Namen und die Sozialversicherungsnummer des Anrufers notieren».

Die Verwaltung der Nationalparks beschloß, an einem Wanderweg durch die Appalachen Toiletten aufzustellen. Eine Toilette, die fünf Meilen von der Autostraße entfernt auf einem Berggipfel steht, mußte mit einer Rollstuhlrampe versehen werden, um die gesetzlichen Vorschriften zu erfüllen.

Associated Press berichtet aus Indien, Pratap Singh Daulta sei im Bundesstaat Haryana drei Monate lang Minister für Fischerei und Forstwirtschaft gewesen, obwohl, wie er sagte, in diesem Landesteil weder Fische noch Wälder vorkommen.

Das Amt für Einzelhandel hat ein Komitee gebildet, das Prämien verteilen soll an die erfolgreichsten Mitarbeiter der Behörde. Der neunköpfige Prüfungsausschuß, bestehend aus der Führungsspitze des Amtes, überlegte gründlich. Als die Entscheidung fiel, waren von den neun Ausschußmitgliedern sieben auf der Liste. Einer der sieben bekam sogar eine Prämie von 4760 Dollar dafür, daß er die Idee zu diesen Prämien gehabt hatte.

Der Gouverneur von Massachusetts wollte die Sicherheit der Highways in seinem Staate erhöhen, obgleich sie gar nicht unsicher waren. Gouverneur Michael Dukakis wurde von der Bundesregierung zu Washington mitgeteilt, diese Maßnahme erfordere die Bewilligung von fünfzig Millionen Dollar. Dieselben Beamten machten Dukakis darauf aufmerksam, wenn er die fünfzig Millionen Dollar nicht in einem Jahr vollständig ausgebe, werde er im nächsten Jahr gar keine Mittel mehr bewilligt bekommen.

Die Busse auf der Strecke zwischen Hanley und Bagnal in Staffordshire in England fahren regelmäßig an den wartenden Passagieren vorbei und halten nicht an. Als Antwort auf Beschwerden hat das Ratsmitglied Arthur Cholerton erklärt, wenn die Busse anhielten, um Fahrgäste einsteigen zu lassen, könnten sie den Fahrplan nicht mehr einhalten.

Irgendwo auf dem Lande in Kalifornien hatte ein Einwohner mehrere Tage keine Post mehr bekommen. Er fragte im örtlichen Postamt nach und erfuhr von seiner Briefbotin, daß kürzlich Regenfälle in der Nähe seines Postkastens eine Rinne ausgewaschen hatten. Da sie nicht nahe genug herankommen konnte, um die Post einzuwerfen, hatte sie sie zurückgehalten. Der Mann fragte, warum er nicht benachrichtigt worden sei. «Ich habe Sie benachrichtigt. Hier, sehen Sie, ist die Benachrichtigung!» beteuerte sie. Die Briefträgerin zeigte auf den amtlichen Brief oben auf dem Stapel Post, den sie nicht ausgeliefert hatte.

Als Dr. John Ziegler aus Cincinnati eine Veröffentlichung der Regierung mit dem Titel «Handbuch für Notfälle» bestellte, hat er sorgfältig die Bestellnummer 15 700 dazu vermerkt. Zwei Wochen später kamen 15 700 Exemplare dieser Broschüre bei ihm zu Hause an.

John Svahn, Beauftragter der Sozialversicherung, nannte es «erschreckend»: Eine Anzahl verstorbener Personen

hatte jeden Monat Sozialhilfe vom Gesundheitsministe-
rium bekommen, manche fünfzehn Jahre lang. In einer
Doppelkontrolle der Sozialhilfeempfänger und der Unterlagen der Gesundheitsämter mit einer Liste der Verstorbe-
nen entdeckte man 8518 Fälle, wo Freunde und Verwandte
die Unterstützung eingesteckt hatten. Eine andere Überprüfung von 1290 Fällen zeigte, daß 190 Personen noch
lebten, die als verstorben gemeldet waren. Wenn die Toten
von den Sozialversicherungslisten gestrichen würden,
wäre das schon im ersten Jahr eine Einsparung von 26 Millionen Dollar.

Bob Green ist Postangestellter in Seattle und Linkshänder.
Ihm wurde gesagt, er müsse die Post mit der rechten Hand
sortieren, sonst würde er entlassen. Als eine Gruppe von
Postdirektoren das Postamt inspizierte, in dem Green arbeitete, haben sie seinem Vorgesetzten gesagt, daß er mit
der rechten Hand arbeiten müsse, weil «die Dienstvor-
schrift der Post besagt, daß die Briefe mit der linken Hand
gehalten und mit der rechten Hand verteilt werden».
Green sagte seinem Vorgesetzten Ed Scott, daß er seit vierundzwanzig Jahren Linkshänder sei und wenn er mit der
rechten Hand arbeite, werde dies sein Arbeitstempo be-
einträchtigen. Scott sagte ihm, er müsse sich an die Vorschriften halten. Green tat das, und sein Arbeitstempo
ging um fünfzig Prozent zurück. Die amerikanische Post-
gewerkschaft hat sich eingeschaltet. Die schätzt, daß die
Regierung drei Monate braucht, um diese Bestimmung
aufzuheben.

Associated Press berichtete, daß ein Atomkraftwerk in
Knoxville, Tennessee, siebzehn Tage lang stillgelegt war,

weil der Schutzstiefel eines Angestellten in den ersten Abschnitt der Drei-Reaktor-Anlage von Browns Ferry gefallen war. Die von sieben Bundesstaaten betriebene Verwaltungsbehörde des Tennessee-Tals und die Bundesatombehörde fanden schließlich einen Weg, den Stiefel zu beseitigen, bevor der Betrieb wiederaufgenommen wurde. Die Schließung kostete 2,8 Millionen Dollar. Die Tennessee-Tal-Behörde wies später darauf hin, die Stilllegung wäre gar nicht nötig gewesen, wenn der Stiefel am Bein des Angestellten geblieben wäre.

Nach dem Erscheinen einer Neuauflage des Tagebuches von Samuel Pepys bekam der britische Verleger eine Anfrage der Regierung, ob der Autor eine Staatspension beziehe und ob er seine laufenden Einkünfte angegeben habe. Samuel Pepys starb im Jahre 1703.

Die Luftverkehrsvorschriften der kanadischen Regierung untersagen «das Besteigen eines Flugzeuges während des Fluges».

Das Washingtoner Landwirtschaftsministerium finanzierte eine Untersuchung, die in der Aussage gipfelte, daß Mütter Kinderbekleidung bevorzugen, die nicht gebügelt werden muß.

Die Bundeshauptstadt Washington hat Styroporkugeln eingelagert, daß sie für vierzig Jahre reichen, genug Töpferton für fünfzehn Jahre, genug rote Ölfarbe und Staubtücher für 100 Jahre und einen 561-Jahre-Vorrat an elektrischen Glühbirnen. Außerdem hat die Stadt 2100 neue Schneeschaufeln liegen, die 1962 gekauft und nie benutzt wurden.

> Nichts ist leichter, als öffentliche Gelder auszugeben.
> Sie scheinen niemandem zu gehören. Die Versuchung,
> sie irgendwie zu verwenden, ist überwältigend.
>   – CALVIN COOLIDGE

5
Business as usual

Peters Business-Prinzip: Macht man etwas Verbo-
tenes, muß man Strafe zahlen; macht man etwas
Erlaubtes, muß man Steuern zahlen.

Selbst wenn leitende Angestellte über dem totalen Chaos
thronen, bleiben sie davon überzeugt, daß sie kompetente, effiziente und dynamische Führungspersönlichkei-
ten sind, die wissen, wie sie ihre Leute zu nehmen haben.
Die Hochachtung, die Manager auch bei sonst sehr vernünftigen Leuten genießen, zeigt, wie geschickt sie diesen
Mythos unters Volk zu bringen wissen.

Die folgenden Fallstudien dienen nicht dem Lob oder
Tadel der beteiligten Manager. Sie sind einfach Beschrei-
bungen einzelner bürokratischer Organisationen und der
Manager, die für sie verantwortlich waren. Sie sind weder
Geschichten vom großen amerikanischen Traum noch
Beispiele für den großen amerikanischen Anti-Erfolgs-
Mythos, sondern lediglich der Versuch, objektiv zu beob-
achten, genau zu berichten und vernünftig zu kommentie-
ren.

Seitliche Arabeske:
Industrieakte Nr. 207 a

Die meisten Amerikaner, die in den Jahren von 1957 bis
1959 den Edsel-Reinfall der Ford Motor Company miter-
lebt haben, kennen die Ereignisse, die zum Aufstieg und
Fall des Edsel geführt haben. Sie bestaunten den giganti-
schen Werbeaufwand, mit dem die öffentliche Vorstellung
des Edsel am 4. September – dem E-Tag (Edsel-Tag), wie
er unternehmensintern hieß – inszeniert wurde. Zwei
Jahre später lachten die Amerikaner über die Witze, die
die Conferenciers rissen, als der Edsel sang- und klanglos
von der Bildfläche verschwand, obwohl er zusammen mit
der Titanic in die Geschichte eingehen wird als Beispiel für
die «perfekte technische Entwicklung», die zum Reinfall
wurde.

1948 schlug Henry Ford II. seinem Vorstand vor, zu
untersuchen, welche Aussichten die Entwicklung eines re-
volutionären Autos hätte. Vier Jahre später, 1952, wurde
das Projekt «Neues Auto» von einer dynamischen Ent-
wicklungsgruppe vorangetrieben, die den Namen «Zu-
kunftsorientierter   Produkt-Planungsausschuß»   trug.
1954 legte dieser Ausschuß seinen sechsbändigen Bericht
vor, der besagte, eine wachsende Zahl gutsituierter Amerikaner habe den Wunsch nach einem neuen, geräumigen,
chromglitzernden Auto der mittleren Preisklasse, ausgestattet mit allem erdenklichen Komfort und einer Fülle
technischer Extras. Präsident Henry Ford II. und die übrigen Vorstandsmitglieder billigten den Bericht des «Zu-
kunftsorientierten Produkt-Planungsausschusses» und gaben grünes Licht für die Schaffung einer Abteilung, die die
Richtlinien des Berichtes verwirklichen sollte. Sie wurde
«Abteilung für Spezialprodukte» genannt und Richard

Krafve unterstellt. Roy A. Brown, ein junger Designer, erhielt den Auftrag, für das «Styling» des neuen Autos zu sorgen. Man wollte ein Auto, das in seiner Formgebung einerseits unverwechselbar und andererseits vertraut und bewährt war. Der Edsel wurde angepriesen und aufgebaut als das Auto mit all den Eigenschaften, die die Leute sich wünschten. Zur Sicherheit wurden Meinungsumfragen durchgeführt, in denen Namensvorschläge und andere Merkmale des Autos getestet wurden, doch wurden für die endgültige Namens- und Formgebung die Ergebnisse der Befragungen nicht zu Rate gezogen.

Mit der Aufgabe, einen Namen für das Auto zu finden, wurde der Planungsdirektor der Marktforschungsabteilung betraut, der das Meinungsforschungsinstitut der Columbia University beauftragte, eine Befragung zum Beliebtheitsgrad von Namen in Peoria und San Bernardino durchzuführen. Die Untersuchung ergab, daß ein Autokäufer, der eine Vorliebe für eine bestimmte Marke entwickelt hat, sowenig wie ein Verliebter in der Lage ist, den Gegenstand seiner Leidenschaft einem Prozeß zu unterwerfen, der auch nur die geringste Ähnlichkeit mit einer rationalen Entscheidung hat.

Obwohl die Wissenschaft hier versagte, konnte Krafve das Problem lösen, indem er den Mitgliedern der Fordfamilie vorschlug, das neue Auto «Edsel» zu nennen – im Gedenken an Edsel Ford, den einzigen Sohn des Firmengründers Henry Ford.

Das Styling verdankte seine Entstehung nicht den kühnen Bleistiftstrichen eines Designers, sondern war das Ergebnis von mehr als viertausend bürokratischen Entscheidungen, die die Form eines Türgriffs, die Linienführung eines Kotflügels oder die Breite einer Chromleiste betrafen. Krafve und seine Mitarbeiter waren der Überzeu-

gung, daß das stilistisch vollkommene Auto entstehen
müsse, wenn sie nur die richtigen Entscheidungen über die
mehr als viertausend Details trafen. 1955 hatte Boy A.
Brown mit Hilfe von Richard Krafve und seiner Abteilung
für Spezialprodukte das Styling des Edsel abgeschlossen.
Der Blickfang war ein neuartiger, klobrillenartiger Küh-
lergrill, der senkrecht in einer konventionellen breiten
Front saß. Das Ziel einer Mischung aus Unverwechselbar-
keit und Vertrautheit war erreicht. Auch die Formgebung
der Heckflossen war unverwechselbar. Sie glichen waage-
recht ausgebreiteten Flügeln, ein Anblick, den man, bevor
es den Edsel gab, noch nie an einem Automobil wahrge-
nommen hatte. Der besondere Komfort der Innenausstat-
tung bestand aus einer Reihe automatischer Bedienungs-
knöpfe auf dem Mittelstück des Lenkrads.

Im Frühling des Jahres 1957 rollten die ersten Edsel vom
Band. Der Werbefeldzug sorgte für ein angemessenes öf-
fentliches Interesse. Am E-Tag wurde die Öffentlichkeit
des Edsel erstmals ansichtig. Leider konnte das Auto nie
die Gunst der Käufer gewinnen. Es wurden so wenige Wagen verkauft, daß das Unternehmen an jedem verkauften
Auto mehr als 3000 Dollar verlor. Der Gesamtverlust des
Unternehmens wurde nie verraten, aber er dürfte mehr als
350 Millionen Dollar betragen haben.

Die ersten Edsel steckten voller Fehler. Die Bedie-
nungsknöpfe klemmten, Verdeck und Kofferraum öffne-
ten sich nicht, und schon kurz nach der Lieferung begann
der Wagen, Öl zu verlieren. Krafve erklärte, daß alle neuen
Wagen unter kleinen Geburtswehen zu leiden hätten. Der
Marktforscher David Wallace machte für die Edsel-Pleite
den sowjetischen Sputnik haftbar, der, wie er behauptete,
dem Mythos von der technischen Überlegenheit Amerikas
den Garaus gemacht habe. Der Designer Roy A. Brown

gab schlechtem Timing die Schuld an dem Fiasko und erklärte, das Styling habe wenig oder gar nichts mit dem mangelnden Erfolg des Autos zu tun. Offensichtlich waren die Manager ohne Fehl und Tadel, und der Edsel war rein zufällig das falsche Auto zur falschen Zeit für den falschen Markt.

Der Edsel machte amerikanische Wirtschaftsgeschichte, indem er eine neue Rekordmarke setzte: die Multimillionen-Dollar-Abschreibung der Ford Motor Company. Sie ist ein perfektes Beispiel dafür, wie das gesamte Management eines Riesenunternehmens zu seiner Stufe der Unfähigkeit aufsteigen kann. Was aber noch wichtiger ist: Es zeigt auch, wie die Verantwortlichen einer solchen Pleite durch seitliche Beförderung gehalten werden können. Die meisten wirkten an anderer Stelle im Unternehmen fort. So wurde Roy A. Brown zum Beispiel Fords Chefdesigner für Nutzfahrzeuge. Richard Krafve wurde der Assistent von Robert S. McNamara, der damals Abteilungsvizepräsident bei Ford war.

PETERS BEHARRUNGSPRINZIP: Ein Unternehmen weiß, warum es seinen Mann hält.

Akte «Hierarchischer Ausschuß» Nr. 7

Ursprünglich wurde die Militärmaschine C5A vom Pentagon als gigantisches Transportflugzeug geplant. Sie sollte 160 Quadratmeter ebene Ladefläche und eine Tragfähigkeit von mehr als 200 Tonnen aufweisen. Der unvermeidliche Planungsausschuß trat zusammen. Die Lockheed Aircraft Corporation verpflichtete sich, das Flugzeug zu einem Stückpreis von 28,5 Millionen Dollar zu bauen.

Dann nahm die Planungsgruppe mit einer großen Zahl von militärischen Abteilungen Kontakt auf, sammelte die an sie herangetragenen Wünsche und Vorstellungen und baute sie alle in die Pläne der C5A ein. Das an sich schon gigantische Projekt schwoll zu einem unförmigen Monster an, als man alle Bedürfnisse der Beteiligten zu berücksichtigen suchte. Das zusätzliche Gewicht machte verbesserte Flugeigenschaften erforderlich, so daß die technischen Vorarbeiten und Kosten eskalierten. Das Ergebnis waren Mehrkosten von 29 Millionen Dollar pro Flugzeug – der Endpreis sprang auf das Doppelte des vereinbarten Preises.

Ernest Fitzgerald, ein Rechnungsprüfer der Luftwaffe im Offiziersrang, stellte fest, daß die Ausgaben den Kostenvoranschlag weit überstiegen. Er begann, Fragen zu stellen. Lockheed und das Pentagon waren nicht erfreut. Fitzgerald wurde zunächst versetzt, dann auf einen obskuren Posten abgeschoben und schließlich entlassen. Ironischerweise begründete die Luftwaffe Fitzgeralds Entlassung mit notwendiger «Kostenersparnis».

Als Rechnungsoffizier hatte Ernest Fitzgerald die Aufgabe, die Staatsausgaben zu kontrollieren. Er nahm diese Aufgabe so sorgfältig wahr, daß er entlassen wurde, wodurch er zu einem superkompetenten Ausschußprodukt wurde.

PETERS KOMPETENZPRINZIP: Fehler vermeidet man, indem man Erfahrung sammelt; Erfahrung sammelt man, indem man Fehler macht.

Akte «Freischwebender Gipfel» Nr. 11

Bei der RCA erwirtschaftete David Sarnoff große Gewinne und machte sich einen guten Namen, weil er das Farbfernsehen einführte. Sein Sohn Robert Sarnoff sollte unter allen Umständen in die Fußstapfen seines Vaters treten, zog es aber vor, sein Glück auf dem Computersektor zu versuchen. Die Computerabteilung der RCA hatte einen guten Namen in der Branche, blieb aber ein Zwerg neben dem Riesen IBM. 1969 wurde L. Edwin Donegan durch RCA aus der Verkaufsabteilung der Datenverarbeitung von IBM abgeworben. 1971 leitete er eine neue Organisation innerhalb des Unternehmens, RCA Computer Systems. Außerdem war er Vizepräsident und Generaldirektor des Gesamtunternehmens. Er umgab sich mit einer IBM-Garde und entließ den alten RCA-Stab oder schob ihn auf unwichtige Posten ab.

RCA machte in der Computerabteilung die größten Investitionen seiner Geschichte. Donegan und seine Neuanwerbungen versuchten, durch eine ganze Batterie von Strategien IBM seinen Markt streitig zu machen, doch alle Versuche schlugen fehl. Schließlich strich Robert Sarnoff das ganze Computerprogramm, und RCA mußte 490 Millionen Dollar abschreiben, womit der alte Rekord, die Edsel-Abschreibung der Ford Motor Company, überboten und eine neuer Maßstab für wirtschaftliche Fehlleistungen gesetzt war.

L. Edwin Donegan ist zwar nicht mehr Herr über zehntausend Mitarbeiter, aber er leitet die Abteilung noch und sitzt in einem fast leeren Gebäude. Die meisten seiner früheren Mitarbeiter haben ihn verlassen. Sie hatten auf das falsche Pferd gesetzt.

Donegan ist bis zur Spitze aufgestiegen und dort geblieben, auch wenn es die Spitze eines leeren Verwaltungsapparates ist. Er ist zu einem freischwebenden Gipfel geworden.

PETERS SCHWEBEPRINZIP: Wenn das Fundament einer Pyramide abbröckelt, kann sich ihre Spitze trotzdem halten, wenn genügend Geld da ist.

Streben nach Kompetenz

Natürlich sind diese wahren Geschichten ein Beleg für die Gültigkeit des Peter-Prinzips, doch wirklich von Nutzen sind sie nur, wenn wir neue Erkenntnisse aus ihnen gewinnen können. Nicht jeder kommt für eine Beförderung in Frage. Manch einer wird nicht befördert, weil er für unersetzlich gehalten wird. Er hat seine Stufe der Unersetzlichkeit erklommen. Wenn bei einem Mitarbeiter die Stufe der Unfähigkeit mit der der Unersetzlichkeit zusammenfällt, haben wir die merkwürdige Anomalie des unentbehrlichen Inkompetenten. Ein unfähiger Mitarbeiter, der viel Einfluß bei der Gewerkschaft hat, ist ein unentbehrlicher Inkompetenter, und sein Vorgesetzter wandert auf dem schmalen Grad zwischen Szylla und Charybdis. Ein Unternehmen, dessen Manager die Stufe seiner Führungsunfähigkeit erreicht hat, aber ein gutes Image in der Öffentlichkeit besitzt und gerade mit dem großen Verdienstkreuz ausgezeichnet worden ist, hat einen unentbehrlichen Inkompetenten am Hals. Wenn es sich von ihm trennt, gerät es in große Schwierigkeiten, und wenn es ihn behält, gerät es ebenfalls in große Schwierigkeiten.

Aus den oben geschilderten Fällen darf man wohl den Schluß ziehen, daß eine Fehlinvestition von 490 Millionen

Dollar noch nicht das Ende einer Managerkarriere bedeuten muß, während der Versuch, Millionen zu sparen, sehr wohl ein Entlassungsgrund sein kann.

PETERS BEWERTUNGSPRINZIP: Superinkompetenz und Superkompetenz sind gleichermaßen schädlich für das System.

Wir haben auch gesehen, daß großer Erfolg bei der Herstellung von Autos, Fernsehgeräten oder anderen Waren noch keine Garantie für kluge Entscheidungen über künftige Projekte oder Produkte ist.

PETERS INVESTITIONSPRINZIP: Narren handeln blindlings, wo kluge Leute zögern zu verhandeln.

Noch eine weitere Beobachtung drängt sich auf: Das Überleben eines Managers hat nichts mit seiner beruflichen Fähigkeit zu tun. Einige Manager mit besonders ausgeprägter Überlebensfähigkeit leiden unter einer pathologischen Unfähigkeit zu sinnvoller Arbeit.

PETERS ERWARTUNGSPRINZIP: Das, was geschieht, ist nicht nur merkwürdiger, als wir uns vorstellen, es ist auch merkwürdiger, als wir uns vorstellen *können*.

Das Wirtschaftsleben hat so viele Aspekte, daß sein potentieller Spielraum für Unfähigkeit unbegrenzt zu sein scheint. Aus diesem Grunde kratzen die folgenden Beispiele nur an der Oberfläche. Andererseits können wir nur an der Oberfläche kratzen, denn wenn wir tiefer kratzen, sind wir nicht mehr an der Oberfläche.

General Motors rüstete seine Autos mit einer besonders wirksamen Stoßstange aus, die absolute Sicherheit bei jedem Zusammenstoß garantierte ... der bei Geschwindigkeiten bis zu 4,5 Stundenkilometern erfolgte.

José Yera, ein Wachbeamter in Los Angeles, verklagte einen Hersteller in Point Black Armor. Er machte geltend, die kugelsichere Weste der Firma habe versagt, als er sich mit einem Messer in den Bauch gestochen habe, um das Kleidungsstück zu testen.

Das Sicherheitspersonal bei Pan Am war alarmiert über die große Zahl von kleinen Spirituosenflaschen, die während der Flüge spurlos verschwanden, deshalb wurde eine Uhr an den Spirituosenschrank angeschlossen, die die Diebstähle zeitlich registrieren sollte. Während des Fluges hörte eine Stewardess das Ticken des Uhrwerks und glaubte, es sei eine Bombe an Bord. Der Flugkapitän änderte den Kurs und landete in Berlin, wo die Passagiere über die Notausgänge evakuiert wurden. Die unplanmäßige Landung kostete 15 000 Dollar. Die kleinen Spirituosenflaschen kosteten 35 Cent pro Stück.

Der Fleischschneider in einem Schweizer Hotel verlor einen Finger und verlangte eine Versicherungsentschädigung. Die Versicherungsgesellschaft entsandte einen Schadenssachbearbeiter in das Hotel. Er bat, an der Maschine arbeiten zu dürfen ... und verlor einen Finger.

Ein Schild in einem Büro: «Der Ersatzschlüssel für den Erste-Hilfe-Raum ist im Erste-Hilfe-Raum erhältlich.»

Elizabeth Kovacs , eine Erdnußpackerin bei der Q-Peanuts-Company in England, wurde entlassen, weil sie beharrlich zu früh zur Arbeit erschien. Ihre Kolleginnen beklagten sich bei der Direktion, und die Direktion verwarnte Miss Kovacs. Da sie ihre Gewohnheit trotzdem nicht ablegte, wurde sie entlassen. Ein Sprecher des Unternehmens erklärte: «Wir halten unsere Mitarbeiter dazu an, rechtzeitig zu erscheinen, aber darunter verstehen wir: zur rechten Zeit und nicht zu früh.»

Die Matratzenfirma Simmons & Company startete 1963 einen aufwendigen Werbefeldzug in Japan. Vier Jahre später schrieben sie das Ganze als totales Verlustgeschäft ab. Die Japaner schlafen auf Fußmatten, sogenannten Futons.

Die Neugier eines neuen Direktionsassistenten in einem Johannesburger Hotel wurde geweckt, als er jedesmal im zweiten Stock landete, wenn er im Hotelfahrstuhl auf den Knopf für den ersten Stock drückte. Seine Nachforschungen führten ihn vor eine verschlossene Tür, hinter der sich nach ihrer Öffnung ein erster Stock mit vierzehn Zimmern auftat, die seit mehr als zwanzig Jahren nicht mehr benutzt worden waren. Einige der älteren Angestellten erklärten auf Befragen, sich erinnern zu können, daß es in dem Hotel einmal einen ersten Stock gegeben habe.

Eine neue mit Sonnenlicht gespeiste Armbanduhr ist mit einem Computerprogramm ausgerüstet, das sie in die Lage versetzt, in den nächsten 125 Jahren Datum und Zeit anzugeben. Die Garantiezeit der Uhr geht über – zwei Jahre.

Ein Laboratorium für Fluginstrumente auf Long Island setzte in eine Lokalzeitung ein Stellenangebot für einen Prozeßinspektor. Durch einen Druckfehler bemühte sich die Firma in der Anzeige um einen «Proussinspektor». Obwohl es das Wort «Prouss» gar nicht gibt, bat am nächsten Morgen ein Mann um ein Vorstellungsgespräch. Er behauptete, zwei Jahre lang als «Proussinspektor» gearbeitet zu haben.

Joseph Begley aus Evesham in England schickte an die Werbeabteilung einer Tabakfirma zweitausend Zigarettenkupons, wofür es eine Armbanduhr geben sollte. Als keine Uhr kam, schrieb Begley die Firma an und fragte nach dem Grund. Er erhielt drei Uhren, von denen er zwei zurückschickte. Am folgenden Tag trafen zehn Pakete von der Zigarettenfirma ein. Am Tag darauf erhielt er achtzehn Pakete. Am dritten Tag kamen nochmals zehn. Er war nun stolzer Besitzer von drei Tonbandgeräten, einer Golfausrüstung, einem Dampfkochtopf, zwei elektrischen Heizdecken, einem Kinderbett und einer Puppe. Als Begley die Firma bat, ihm keine Prämiengeschenke mehr zu schikken, erhielt er ein Entschuldigungsschreiben und zehntausend Kupons als Entschädigung für seine Unannehmlichkeiten. Er schickte die Kupons ein und bestellte eine Tagesdecke und einen Werkzeugkasten. Geschickt wurden ihm zwei Stehleitern und ein Pflanzenregal.

Das Büropersonal im Sunset House hatte Schwierigkeiten, Papier der Normgröße in den neuen Xerox-Apparat einzulegen. Als die Wartungsabteilung einen Mechaniker schickte, stellte dieser fest, daß trotz der Millionenausgaben für Forschung und Entwicklung ein kleiner Fehler bei der Planung des neuen Apparates unterlaufen war: Die

Normgröße beträgt 8,5 Zoll mal 14 Zoll. Für den neuen Kopierer mußte die Normgröße zurechtgeschnitten werden – auf die Maße 8,5 Zoll mal 13 Zoll.

Die Zeitschrift *National Underwriter* berichtete, daß der Computer einer Autoversicherungsgesellschaft einem Kunden in Saint Louis eine Rechnung über 0,00 Dollar geschickt habe. Als der Computer eine «letzte Mahnung» geschickt habe, in der mit der Aufkündigung der Police gedroht worden sei, habe der Kunde seinen Versicherungsagenten angerufen. Der Agent habe ihm geraten, einen Scheck über 0,00 Dollar einzureichen. Als der Versicherungsnehmer dies tat, erhielt er ein Dankschreiben, in dem ihm mitgeteilt wurde, daß seine Police verlängert sei.

Penn Country Farms in New Holland, Pennsylvania, beliefert Supermärkte mit tiefgefrorenen Brathähnchen. Als die gebratenen Hähnchenbrüste nicht mehr in die Normpackung paßten, bemerkte man, daß die Brüste falsch halbiert worden waren. Fünfundachtzigtausend Portionen waren auf diese Weise zerteilt worden, bevor man den Fehler entdeckte.

Neunzig Jahre baute man an der Kathedrale von Corcuetos in Spanien. Am Tage nach ihrer Fertigstellung im Jahre 1625 stürzte sie ein.

Hinweisschild in einem Restaurant: «Gäste, die unsere Kellnerinnen für unhöflich halten, sollten sich erst einmal mit unserem Geschäftsführer unterhalten.»

In Howard-Hotel in Baltimore entzündeten die Mechaniker der Lieferfirma das Feuer in den Heizungskesseln, um anschließend festzustellen, daß sie vergessen hatten, einen Schornstein einzubauen.

Die General Telephone Company in Los Angeles drehte einen Schulungsfilm für ihre Mitarbeiter. Das Drehbuch enthielt ursprünglich die folgende kleine Spielszene, die zeigen sollte, wie man auf Kundenbeschwerden humorvoll reagieren kann:

> KUNDE: Man kann sich bei dieser verdammten Telefongesellschaft aber auch auf gar nichts verlassen!
> ANGESTELLTER: Sie bekommen doch jeden Monat pünktlich Ihre Telefonrechnung, oder?

Aus zuverlässiger Quelle in der Unternehmensleitung verlautet, daß diese Szene herausgeschnitten wurde.

Eine Baufirma in Mozambique hatte den Auftrag, ein sieben Jahre altes Krankenhaus um einen Anbau zu erweitern. Die Bauarbeiter brachen ein Loch in eine Mauer und entdeckten medizinische Geräte im Wert von 125 000 Dollar und eine vergessene Entbindungsstation. Vertreter des Krankenhauses meinten, irgend jemand habe dort wohl eine Mauer anstelle einer Tür hingesetzt.

Viele Science-fiction-Spielzeuge sind nicht ungefährlich. Nimmt ein Kind zum Beispiel das Raumschiff **Kampfstern Galaktika** mit dem vorderen Ende in den Mund, so erhält es ein Geschoß mit solcher Wucht in den Rachen gejagt, daß das Projektil tief in die Luftröhre eindringt. Das ist ein offenkundiger Mißbrauch des Spielzeugs, da es nicht für Kinder unter drei Jahren bestimmt ist. Nachdem etliche Kinder schwere Verletzungen davongetragen hatten, hat der Hersteller das Problem gelöst, indem er einen Hinweis auf die Schachtel drucken ließ, der die Kinder auffordert, das Spielzeug nicht auf diese Weise zu verwenden.

Aus einer Packungsbeschriftung: «Dieser Fertigteig reicht für vier Erwachsene oder zwölf Törtchen.»

Ein neuer Glasbau in Arlington, Virginia, hatte Toiletten, die mit Milchglas ausgestattet waren, so daß völlige Abgeschiedenheit garantiert schien, bis jemand beim Vorbeigehen feststellte, daß man von außen ungehindert betrachten konnte, was im Inneren der Toiletten vor sich ging. Die Einwegscheiben waren falsch eingesetzt worden. Als man einen der leitenden Angestellten davon in Kenntnis setzte, lief er aufgeregt auf den Flur, sah sich die Sache an, errötete und rief aus: «Mein Gott! Das ist ja meine Sekretärin!»

Archie R. McCardell war zweieinhalb Jahre Präsident des kränkelnden Unternehmens International Harvester. In dieser Zeit bezog er ein Jahresgehalt von 1,4 Millionen Dollar, obwohl die Gesellschaft 1980 einen Verlust von 397 Millionen Dollar und 1981 von 393 Millionen Dollar machte.

Wenige Tage nachdem General Motors mit der Autogewerkschaft Lohnkürzungen ausgehandelt hatte, beschloß sie, ihren sechstausend Topmanagern Gewinnprämien auszuzahlen. Der Zorn der Gewerkschaft zwang GM, den Plan fallenzulassen.

Es mag bezeichnend sein für unsere Zeit, daß die Seite A-7
des Telefonbuchs von Los Angeles die Überschrift «Über-
lebensratgeber» trug, ansonsten aber leer war.

«Die Wirtschaftslage wird entweder besser oder
schlechter.»   – CALVIN COOLIDGE

6
Wem der Schuh paßt

«Es gibt keine größere Lüge als eine mißverstandene Wahrheit.»   — WILLIAM JAMES

Ein Zoologe, der die Hyäne studiert, wird sich seine Objektivität gegenüber dem Verhalten der Hyäne bewahren, obwohl er vielleicht Mitleid mit den Opfern der Hyäne empfindet. Der Hierarchologe, der menschliches Verhalten untersucht, muß sich die gleiche wissenschaftliche Einstellung zu eigen machen. Obwohl wir uns der katastrophalen Folgen bewußt sind, die das Peter-Prinzip oft genug hervorruft, ist unser Untersuchungsansatz nicht moralischer, sondern wissenschaftlicher Natur. Es reicht nicht aus, daß wir die unerquicklichen Folgen übermäßigen Aufstiegsbegehrens untersuchen, wir müssen uns auch mit den Gründen befassen, die uns veranlassen, bis zur Stufe unserer Unfähigkeit aufzusteigen.

«Wenn du nicht mehr auf dem aufsteigenden Ast bist, bist du auf dem absteigenden Ast.»   — STEPHEN POTTER

Daß jemand auf seiner letzten Stufe verharrt, ist nicht nur deshalb wenig wünschenswert, weil er dann seinen Beitrag zur Unfähigkeit in einer Welt leistet, die damit überreichlich versorgt ist, sondern auch, weil Mitarbeiter, die zu lange auf ihrer Stufe der Unfähigkeit bleiben, die Arbeitsmoral der Organisation untergraben. Ihr bloßes Vorhandensein beweist den anderen Mitarbeitern, daß Kompetenz keine notwendige Voraussetzung für Erfolg ist. Dieser Umstand erklärt auch, warum es keine Rolle spielt, ob eine Bürokratie sich ausdehnt oder schrumpft. Der Wasserkopf wächst mit gleichbleibender Geschwindigkeit.

Zwar liefert das Peter-Prinzip eine genaue Beschreibung menschlichen Verhaltens, jedoch keine Antwort auf die Frage: «Warum erklimmen Menschen ihre Stufe der Unfähigkeit?» Meist lautet die Antwort darauf: «Weil es natürlich ist, sich aggressiv zu verhalten und mit anderen zu konkurrieren.» Das unwiderlegliche Argument, daß menschliches Verhalten durch die menschliche Natur bedingt ist, läßt uns weder das eine noch das andere besser verstehen.

Der berühmte Psychologe Abraham Maslow vertrat die Auffassung, daß es in der menschlichen Natur liege, vorwärts und aufwärts zu streben, weil nach jeder Bedürfnisebene, auf der Befriedigung erreicht sei, eine höhere Bedürfnisebene in Sicht komme. In jedem Menschen gibt es verschiedene Bedürfnisse, und diese Bedürfnisse stehen in einer hierarchischen Beziehung zueinander. Sobald die für das physische Überleben notwendigen Grundbedürfnisse befriedigt sind, treten die Sicherheitsbedürfnisse in den Vordergrund, dann die sozialen Bedürfnisse, die Selbstachtungs- oder Ich-Bedürfnisse und schließlich die Selbstverwirklichungsbedürfnisse. Bei den sozialen Bedürfnissen geht es um den Wert der eigenen Position im Vergleich zu anderen. Zu den Ich-Bedürfnissen gehören Anerkennung und Prestige, Selbstvertrauen und Führungsqualität, Erfolg und Fähigkeit. Von all den Theorien, die die menschliche Natur zur Erklärung des unersättlichen Drangs nach oben heranziehen, gehört Maslows Konzept zu den bestechendsten.

*Die menschliche Aggressivität äußert sich
in vielen Formen*

Die menschliche Aggressivität äußert sich in vielen Formen – vom subtilen Streben nach sozialer Anerkennung
bis hin zum brutalen Gewaltakt, der körperliche Überlegenheit demonstrieren soll. In manchen Situationen versuchen wir, andere dadurch in den Schatten zu stellen, daß
wir ihnen im Beruf, auf dem Golfplatz oder in der Anhäufung von Statussymbolen den Rang ablaufen. In anderen
Situationen manifestiert sich Überlegenheit durch mehr
Lohn, mehr Prämien, mehr Preise oder mehr Orden.
Symbolische Schlachten werden unter dem Diktat eines
strengen Regelwerks auf dem Schachbrett und dem Fuß-
ballfeld geführt, und Kämpfe bis zum symbolischen Tod
des Gegners werden beim Ringen, Fechten und Boxen
ausgetragen. Wenn der Konkurrenzkampf an keine Regeln gebunden ist, kommt es auf individueller Ebene zu
Schlägereien und auf staatlicher zu Kriegen. Die Beweis-
lage ist klar: Dem Menschen ist ein erhebliches aggressives

Potential angeboren, gleichgültig ob es sich im symbolischen Spiel äußert, in einem organisierten Wettbewerb kanalisiert wird oder sich in Gewaltakten Bahn bricht.

Andererseits gibt es sogar in unserer modernen, gewalttätigen Gesellschaft viele Menschen, die keinerlei Neigung zu Aggression und Gewalt verspüren, und in einigen zivilisationsfernen Naturvölkern gibt es noch nicht einmal den Konkurrenztrieb. Bei den nomadisch lebenden Eskimos in der amerikanischen Arktis war es üblich, sich Nahrung und Unterkunft zu teilen und Streitigkeiten gewaltlos zu schlichten. Die Tangus in Neuguinea teilten ihre Nahrung zu gleichen Teilen unter den Stammesmitgliedern auf und liebten Spiele, deren Ziel ein unentschiedener Ausgang war. Die von der Landwirtschaft lebenden Semai in Malakka vermieden Gewalt jeder Art. Früher kamen viele Nomadenstämme, die als Jäger und Sammler lebten, ohne Konkurrenz und Verteidigung ihres Territoriums aus. Zwar wurde die Erde schließlich von den aggressiveren, konkurrenzorientierteren und stärker auf ihre territorialen Ansprüche pochenden Völkern in Besitz genommen, trotzdem darf man angesichts der Stämme und Einzelpersonen, die weder aggressiv noch konkurrenzorientiert waren und sind, bezweifeln, daß diese Eigenschaften unbedingt zur menschlichen Natur gehören. Zumindest sprechen viele Anhaltspunkte dagegen, daß es sich um universelle oder wesentliche Aspekte der menschlichen Natur handelt.

> Wir genießen nicht die Macht, Berge zu versetzen und den Lauf der Flüsse zu verändern, sondern die Macht, aus Menschen Gegenstände, Roboter, Marionetten, Automaten oder Tiere zu machen. Macht ist für uns die Macht, dem Menschen seine Menschenwürde zu nehmen.   – ERIC HOFFER

Bis vor kurzem hielten Neurologen das menschliche Gehirn für einen grauen, schwammigen Computer, der in zwei gleiche Hälften geteilt ist – die linke und die rechte Hemisphäre. Dann entdeckte die Hirnforschung, daß den Hemisphären verschiedene Aufgaben zufallen: Die linke Gehirnhälfte übernimmt die Sprachfunktionen, während die rechte Hälfte sich um die räumliche Wahrnehmung kümmert. Die linke Gehirnhälfte denkt linear, analytisch und deduktiv, die rechte dagegen erfaßt das Gesamtbild und übernimmt die ganzheitlichen, kreativen Denkfunktionen.

Wenn zwischen den beiden Gehirnhemisphären im großen und ganzen ein Gleichgewicht der Kräfte herrscht, kann der Mensch logisch denken, folgerichtige Handlungspläne anlegen, zusammenhängende Anweisungen geben und alle anderen linkshemisphärischen Aufgaben bewältigen, während seine rechte Gehirnhälfte in der Lage ist, sich den nötigen Überblick zu verschaffen, um die Bedeutung der linkshemisphärischen Einzelaktionen und ihre Beziehung zueinander zu erfassen. Ist die eine Hemisphäre stärker ausgebildet als die andere, löst der Mensch die meisten Problemlösungsaufgaben mit *ihrer* Hilfe, ob sie sich nun für solche Aufgaben eignet oder nicht. Wenn ein Mensch mit dominanter rechter Hemisphäre und schwacher linker ein Problem zu lösen hat, das eine Analyse im Detail verlangt, wird er entweder zu groben Verallgemeinerungen greifen oder die Daten vernachlässigen und zu impulsiven Schlußfolgerungen neigen. Menschen mit einer dominanten linken und schwachen rechten Hemisphäre verlieren sich in Einzelheiten und endlosen Analysen, neigen zu zwanghafter Regelproduktion, bekommen aber nie das Gesamtbild in den Blick. Sie begraben sich so tief in isolierte Arbeitsvorgänge, daß sie nie die Be-

Am ehesten werden diejenigen Verhaltensweisen
wiederholt, die ein Gefühl der Befriedigung hervorrufen
oder auf die ein Gefühl der Befriedigung folgt

deutung ihrer Tätigkeit in einem größeren Zusammenhang erfassen.

Stets ist es der linkshemisphärisch dominierte Typus,
der blind die Stufenleiter des Peter-Prinzips emporklet-
tert, der zu autoritärem Verhalten neigt und der letztlich
die Regeln und Maßstäbe unserer Gesellschaft festsetzt.
Linkshemisphärische Vorherrschaft erklärt, warum innerhalb von Bürokratien und anderen sehr streng gefügten
Hierarchien manchen Menschen das methodische, fach-
idiotische, ritualistische Verhalten besonders leicht fällt,
für das Bürokraten bekannt sind.

> «Solange er noch auf den unteren Sprossen der Leiter
> kämpft, verhält sich der Aufsteiger etwas unterwürfi-
> ger, wenn auch nicht weniger ehrgeizig, keinen Schlich
> verschmähend, bis er es auch geschafft hat.»
> — STEPHAN POTTER

Einen unstrittigen Tatbestand verdanken wir den Psychologen: Am ehesten werden die jungen Verhaltensweisen wiederholt, die ein Gefühl der Befriedigung hervorrufen oder auf die ein Gefühl der Befriedigung folgt. Von Beginn unserers Lebens an ist die Befriedigung unseres physischen Bedürfnisses nach Nahrung und Wärme sowie unseres emotionalen Bedürfnisses nach Sicherheit ein Bekräftigungsmittel unserers Verhaltens. Wenn ein Baby lächelt oder sprachähnliche Laute produziert, wird man es eher auf den Arm nehmen, streicheln und mit ihm sprechen – Reaktionen, die ein Gefühl der Befriedigung in dem Kind hervorrufen. Wenn das Kind dann lernt, zu gehen, zu sprechen, selber zu essen und auf den Topf zu gehen, erfährt es die Billigung der Eltern, wodurch diese Verhaltensweisen bekräftigt werden. In der Schule werden Leistungen, die sich in guten Noten und sportlichen Erfolgen ausdrücken, durch Anerkennung und Lob der Eltern, Lehrer und Kameraden belohnt, verstärkt durch Zeugnisse, Preise und Geld. Entschließt sich der junge Mensch zu einer längeren Ausbildung und gelingt es ihm mit Erfolg, sich in der Ausbildungshierarchie nach oben zu arbeiten, so erwirbt er sozialen Status und wird mit akademischen Graden und / oder beruflichen Qualifikationen ausgezeichnet.

Mit dem Eintritt in die Arbeitswelt setzt der Mensch seinen Fuß auf die untere Sprosse einer weiteren Stufenleiter, auf der jeder Schritt nach oben mit Lohnerhöhung und Statuszuwachs belohnt wird.

In unserem Leben wird jede erklommene Stufe auf der Entwicklungsleiter, der Ausbildungshierarchie und der Karriereleiter belohnt. Aufsteigen wird ständig bekräftigt und fest in unserer Persönlichkeit verankert. Es ist eine konditionierte Reaktion.

«Die schönsten wie die häßlichsten Neigungen des Menschen sind nicht Teil einer festgelegten, biologisch vorgegebenen menschlichen Natur, sondern ergeben sich aus dem gesellschaftlichen Prozeß.»

– ERICH FROMM

Wir sind Exemplare einer seltsamen Spezies, denn wir verwenden all unsere Energie darauf, die Erfolgsleiter emporzuklettern, um Geld zu verdienen, damit wir Dinge kaufen können, die wir nicht brauchen, um mit ihnen Leute zu beeindrucken, die wir nicht leiden können. Es mag ein Aspekt der menschlichen Natur sein, daß wir zwanghaft emporsteigen, obwohl es keinen vernünftigen Grund dafür gibt. Es könnte sich darin ein neurologisches Ungleichgewicht ausdrücken. Vielleicht beherrscht die linke Gehirnhemisphäre das Verhalten so stark, daß für die Menschen, die von dieser Anomalie betroffen sind, der einzige Ausweg aus ihrem gegenwärtigen Dilemma die Leiter hinaufführt. Meine Untersuchungen haben ergeben, daß fast alle Bürokraten und viele Leute in leitenden Verwaltungspositionen so sehr von ihrer linken Hemisphäre beherrscht werden, daß sie nur noch linear denken können und keines konstruktiven Gedankens mehr fähig sind. Natürlich besitzt der linkshemisphärisch ausgerichtete Mensch die besten neurologischen Voraussetzungen dafür, sich Schritt für Schritt in der Hierarchie hinaufzuarbeiten. Und selbstverständlich werden wir alle in unserem Aufstiegsverhalten bekräftigt, so daß es für uns zur konditionierten Reaktion wird, in der Organisation so weit emporzusteigen, wie es Zeit und Gelegenheit zulassen.

Höchstwahrscheinlich sind diese drei unbewußten Antriebskräfte alle sehr wirksame Einflußfaktoren, aber wir sind Meister im Rationalisieren und versuchen, unserem

Verhalten nach Möglichkeit bewußte Gründe unterzu-
schieben. Wir versuchen zu rechtfertigen, daß wir, auch
wenn wir genügend Geld haben, um alle unseren wirk-
lichen Bedürfnisse zu befriedigen, stets nach noch mehr
jagen. Wir beklagen uns über die Last unserer Verantwortung und streben doch nach höheren Posten und noch
mehr Verantwortung. Wenn wir unsere Aufgaben kompetent und ohne Streß erledigen können, erklären wir, daß
unsere Position uns nichts mehr gibt und verlangen nach
Beförderung auf eine Stufe, wo uns Ärger, Enttäuschung
und möglicherweise Unfähigkeit erwarten. Viele Menschen finden, daß ein so irrationales Verhalten nach einer
rationalen Erklärung verlangt.

Wir haben einen hohen materiellen Lebensstandard erreicht und besitzen von den meisten Dingen mehr als genug. Wir geben einen Haufen Geld für unsere Unterhal-
tung aus und wahre Vermögen für Gesundheit, Schönheit
und arbeitssparende Geräte. Die Kosten für das Gesundheitswesen sind astronomisch. Angesichts dieser Situation
sollte man meinen, daß wir glücklich, gesund und zufrieden wären.

> «Bedenkt man, unter welch unsicheren Bedingungen
> der größte Teil der Menschheit früher leben mußte,
> unter welcher Not, Bedürftigkeit und Knappheit er zu
> leiden hatte, welche Ängste er ausstand, um auch nur
> seine dringendsten Bedürfnisse zu befriedigen, so muß
> man für diese neue Quantitätsbesessenheit Verständ-
> nis haben.»   – LEWIS MUMFORD

Wir glauben, wenn wenig gut ist, ist mehr besser. Doch
wenn man eine Uhr hat, weiß man, wie spät es ist, mit
einer zweiten weiß man keinen Deut mehr. Wir glauben,

Wir glauben, wenn «wenig» gut ist, ist «mehr» besser

wir könnten unseren Problemen, dem Frust und dem Gefühl der Vergeblichkeit durch Beförderung oder Aufstieg
in höhere Positionen entrinnen. Doch eine Beförderung
heißt unter Umständen nur, daß wir unsere Befehle in Zukunft von einer besseren Kategorie von Vorgesetzten ent-
gegennehmen. Wir glauben, daß mehr besser sei und daß
es oben besser sei. Wir glauben, daß wir mit mehr Autorität mehr zustande bringen würden. Wir glauben, daß
mehr Besitz, ein größeres Haus oder ein Zweithaus, ein
neues Auto, ein neuer Fernsehapparat, ein Segelboot oder
eine Yacht unser Leben verändern würden. Wir glauben,
daß Geld und Status die Erfüllung bringen. Wir glauben,
daß der Aufstieg zu unserer Stufe der Unfähigkeit das
Höchste ist. Wir glauben, wir müssen arbeiten, uns ab-
strampeln und die Erfolgsleiter hochklettern. Wovon soll
man sonst seinen Herzinfakt bezahlen?

«Ringel, Rangel, Rosen,
Koronarthrombosen,
Herzanfall auf Herzanfall,
alle tun den großen Fall.» – A. BARD

Dieses Glaubensbekenntnis ist so alt wie Luzifer und der
Fall der Engel.

«Und ihm träumte,
und siehe, eine Leiter stand auf Erden, und die rührte
mit der Spitze an den Himmel, und siehe, die Engel
Gottes steigen daran auf und nieder.» – 1. Mose 28,12

Auf den Niedergang des Klassensystems folgte die neue
Statushierarchie des Geldes.

«Um Erfolg in der Welt zu haben, tun wir alles in unserer Macht Stehende, um erfolgreich zu erscheinen.»
– LA ROCHEFOUCAULD

Materieller Wohlstand besaß den Vorteil, eindimensional
zu sein. Quantität war die einzige Bedingung, so daß man
nur mehr haben mußte als die anderen, um einen größeren
Status zu besitzen. Als unsere Vorfahren die Gesellschafts-
ordnung der Neuen Welt schufen, wurde das Geld nicht
nur zum einfachsten und bequemsten Statusmaß, sondern
bot dem Bürgertum zugleich die Gelegenheit und den An-
reiz, in die Gesellschaftspyramide einzudringen und sich
Status zu erwerben.

«Die materialistische Doktrin Amerikas war eine
Triebkraft für individuelle und nationale Stärke.»

*Wir glauben, daß Geld und Ansehen
die Erfüllung bringen*

«Solange in Amerika der Wettstreit um materielle Ver-
gütungen lebendig war und die Menschen von dem
Ehrgeiz getrieben waren, diese Ziele zu erreichen, gab
es keine Schwäche durch Wohlleben, sondern Macht
durch Produktivität.»

«Der amerikanische Wohlstand begann mit Sparsamkeit und Strenge im privaten Bereich.»
– RICHARD M. HUBER, *The American Idea of Success*

«Profit bemißt sich nach der Zahl der Dollars. Jeder
weiß, was ein Dollar ist, und alle sind sich darin einig,
daß er eine gute Sache ist. Sein besonderer Zauber ist,
daß er sich zählen läßt. Er ist eindeutig. Er ist einfach.
Jeder versteht und schätzt ihn. Darüber gibt es keinen
Zweifel. Der Amerikaner liebt seinen Dollar, weil er
philosophisch so überaus anspruchslos ist – an-
spruchsloser, glaube ich, als je ein Menschenschlag zu-

vor. Er kann sich mit keiner Sache anfreunden, die
man nicht zählen kann, weil er keinem anderen Maßstab vertraut. Er kann Qualität weder einschätzen
noch wertschätzen. So bleibt ihm nur die Quantität.»
— ROBERT MAYNARD HUTCHINS

Das neue Wertsystem setzt Erfolg mit Geld gleich, so daß
der Gelderwerb sowohl der Erfolg selbst als auch das
Symbol des Erfolgs ist.

«Zur moralischen Laschheit, die wir der ausschließ-
lichen Verehrung der hundsföttischen Gottheit Erfolg
verdanken, die ... schmutzige pekuniäre Definition
des Wortes Erfolg ... das ist unsere Nationalkrank-
heit.»   — WILLIAM JAMES AN H. G. WELLS

Wer Leistungen aufzuweisen hatte, die sich nicht direkt in
Geldwert umrechnen ließen, wurde weit unten in der Statushierarchie eingestuft.

«Ich habe die Geschichte des Einwanderers erzählt,
der Schiffbruch erlitt, weil er es ablehnte, sich auf die
Bedingungen des American way of life einzulassen –
Status zu erwerben durch die Anhäufung von Geld.»
— HARRY GOLDEN

Selbst die Leute, die schon ihre Stufe der Unfähigkeit erreicht haben, geben noch keine Ruhe und versuchen, weiter nach oben zu kommen. Eine Erklärung dafür ist die
Freude am Aufstieg oder am Überflügeln anderer.

«Und ist die Not der Freunde noch so groß,
Zuerst da denken wir ans eigne Los,
Indessen die Natur – da haben wir's bequem –
Uns richtet alles denkbar angenehm.»
— JONATHAN SWIFT

Nach oben kann man auf zwei Arten kommen. In einem Spiel gewinnt gewöhnlich der Spieler, der besser als die anderen ist, manchmal aber auch derjenige, dem es gelingt, seine Konkurrenten physisch oder psychologisch aus dem Konzept zu bringen. Wie die meisten Dinge ist auch der Erfolg relativ und kann deshalb den eigenen Verdiensten oder den Fehlern der anderen zu verdanken sein.

> «Es genügt nicht, daß wir Erfolg haben,
> unsere Freunde müssen auch scheitern.»
> – La Rochefoucould

Als Jay Gould, der Wallstreet-Bonze und Multimillionär, von seinem Pfarrer um einen Anlagetip gebeten wurde, ließ er den Geistlichen schwören, seinen Ratschlag für sich zu behalten. Der Pfarrer tat es, und Gould sagte: «Kaufen Sie Missouri Pacific.» Der Kirchenmann tat, wie ihm geheißen, und ein paar Monate lang gingen die Kurse hinauf. Doch dann fielen sie, und der Pfarrer war ruiniert. Niedergeschlagen suchte er Gould auf. «Ich bin Ihrem Rat gefolgt, und nun habe ich alle meine Ersparnisse verloren.»

«Das tut mir leid», sagte Gould. «Doch damit Sie Ihren Glauben nicht verlieren, gebe ich Ihnen vierzigtausend für die dreißigtausend, die Sie verloren haben.» Gould schrieb einen Scheck aus, den der Pfarrer widerstrebend entgegennahm.

«Ich muß Ihnen noch etwas gestehen», sagte der Geistliche. «Ich habe mein Wort nicht gehalten. Ich habe den Tip an ein paar Gemeindemitglieder weitergegeben.»

«Das weiß ich doch», gab Gould heiter zurück. «Um die ging es mir ja.»

«Der eitle Wunsch, bekanntzumachen, daß einem ein
Geheimnis anvertraut wurde, ist eines der wichtigsten
Motive, es zu verraten.»   – SAMUEL JOHNSON

Das Bestreben, anderen zu imponieren, hat einen derartigen Suchtcharakter angenommen, daß sich das Image und
die Accessoires des Erfolges größerer Wertschätzung erfreuen als der Erfolg selbst. Das Auto, das man fährt, die
Adresse, die man hat, die Art, wie man sich kleidet, und
die Macht, die man entfaltet, sind wichtiger für den Status
als der Beitrag, den man für die Gesellschaft leistet. Eine
wachsende Zahl von Experten ist mit nichts anderem beschäftigt, als das Erfolgsimage von irgend jemand aufzu-
polieren. Unter anderem bringen sie ihren Klienten bei,
was für Kleidung man tragen muß, wie man Essen und
Wein bestellt und wie man seine Worte wählt. Die Gra-
duate School of Business der Universität von Chicago un-
terweist ihre Studenten in der richtigen Auswahl der
Weine, wenn sie mit Kunden essen gehen. In der *New
York Times* kam einer der «Weinprofessoren» zu Wort:
«Zwar muß mangelnde Kenntnis bei der Auswahl des
richtigen Weins den Geschäftsabschluß nicht zum Scheitern bringen, doch die Auswahl des richtigen Weins ist
keine schlechte Gelegenheit, um den Kunden zu beeindrucken.» Auch andere Business-Schools haben die Wein-
auswahl inzwischen in ihren Lehrplan aufgenommen.

«Die Amerikaner verbringen einen wahrhaft erschrek-
kenden Teil ihrer Zeit damit, andere schlecht zu machen oder sich in der Angst zu verzehren, andere
könnten sie schlecht machen, weil sie das falsche Wort
benutzt haben, den falschen Wein bestellt haben, das
falsche Buch gelobt, das falsche Restaurant empfohlen

*Das Bestreben, anderen zu imponieren, hat einen
derartigen Suchtcharakter angenommen, daß sich das
Image und die Accessoires des Erfolgs größerer
Wertschätzung erfreuen als der Erfolg selbst*

oder die falsche griechische Insel besucht haben. Die
damit verschwendete Zeit sollten sie lieber für die lohnende Verständigung mit anderen verwenden – entweder über persönliche Probleme oder über lebenswichtige Fragen, die unseren Staat und die Welt betreffen.
Am gefährlichsten ist der Snobismus, wenn er entscheidet, daß eine dieser lebenswichtigen Fragen *in* ist,
während er andere als *out* klassifiziert, die vielleicht
von gleicher oder noch größerer Bedeutung sind.»

– CHARLES PETERS

Am Anfang unserer Artgeschichte entdeckten wir, daß wir
uns durch Grunzlaute und Gebärden verständigen konnten, und schon bald darauf begannen wir, uns gegenseitig
durch die artistische Vollkommenheit unseres Ausdrucks
zu beeindrucken. Mit fortschreitender Kultur ließen sich

die verschiedenen hierarchischen Schichten innerhalb einer Gesellschaft nicht nur durch das identifizieren, was sie sagten, sondern auch durch ihre Sprechweise. Parvenüs versuchten, sich die Sprachmuster, den Akzent und den Wortschatz der Klasse anzueignen, in die sie Eingang zu finden hofften. Heute, da die meisten Klassenschranken gefallen sind, hat es den Anschein, als ob die Menschen aller Schichten von ihrem hierarchischen Trieb zu immer eindruckvolleren sprachlichen Exzessen gedrängt werden. Dadurch hat die Sprache ihren Wert als Verständigungsmittel weitgehend eingebüßt und ist mehr und mehr zu einer Prestigeleiter geworden. Die Sprachleiter wächst ständig, wobei ein Zustrom von legitimen Wörtern zu beobachten ist, die neue Technologien und Entdeckungen beschreiben, aber auch von völlig nichtkommunikativen Jargonausdrücken, von Schwulst und Amtssprache, alle in dem einzigen Zweck vereint, andere zu beeindrucken.

Jedes Jargonwort beginnt als Wort für Eingeweihte, das einer bestimmten Gruppe, einem bestimmten Berufszweig oder einer bestimmten Kultgemeinschaft vorbehalten ist. Schließlich verliert das Erkennungswort durch den Kontakt der Gruppenmitglieder mit Außenstehenden seine Exklusivität und findet als eine weitere Sprosse auf der nichtkommunikativen Leiter Eingang in die Umgangssprache. Nun wird es höchste Zeit für die exklusive Gruppe, sich für die alte Bedeutung ein neues Wort zuzulegen, und der ganze Vorgang wiederholt sich.

«Ich habe nie verstanden, wie es kommt, daß mich, bloß weil ich unverständlich bin, niemand versteht.»
– MILTON MAYER

Ich schreibe, weil ich mich gerne mitteile, und weil ich mich gerne mitteile, ärgert es mich, wenn ein Mitteilungsdrang an meiner Wortwahl scheitert. Genauso ärgert es mich, wenn die Worte anderer ihren Mitteilungszweck verfehlen. Ich bin für eine Sprache, die zusammenhängende Gedanken, sachdienliche Informationen oder verständliche Anweisungen ausdrückt. Ich habe nichts gegen die Verwendung von Slang, von bequemen Klischees oder nachlässiger Grammatik, solange es dem Sprecher oder Schreiber gelingt, sich verständlich zu machen, aber ich habe etwas gegen eine Sprache, die ihren Gegenstand in Dunkelheit hüllt, statt Klarheit zu schaffen. Dieser Wunsch nach Klarheit hindert mich allerdings nicht daran, Doppeldeutigkeiten zu genießen, vor allem wenn klar ist, was der Schreiber meint.

Am Schluß einer Warenhausanzeige hieß es: «Wir können Ihnen Ihr Geld nicht zurückgeben, aber wenn das Produkt nicht alles hält, was wir versprechen, können Sie es behalten.»

The Times (London): «Sein Gesicht war faszinierend, und selbst wenn er nichts angehabt hätte, hätten sich die Leute nach ihm umgedreht.»

In der Studentenzeitung der Wittenberg University fand sich folgende Überschrift: «UNTERSUCHUNG DES SEXUELLEN KLIMAS: DIE VERANTWORTLICHEN STOSSEN AUF ENTSCHEIDENDE PUNKTE.»

Auf einem Schild im Fenster eines texanischen Restaurants: «WIR SUCHEN: MANN ZUM ABWASCH VON GESCHIRR UND ZWEI KELLNERINNEN.»

Überschrift im *State Journal* von Pocatello: «DIE MATRATZENFABRIK VON POTACELLO SPIELT EINE WICHTIGE ROLLE FÜR DAS WACHSTUM DER STADT.»

In einem Geschäft in Tulsa, Oklahoma, stand auf einem Hinweisschild zu lesen: «DAMENTOILETTE AUSSER BETRIEB. BENUTZEN SIE BITTE DAS TREPPENHAUS!»

Eine Überschrift im *Herald* von Glover (New York) verkündete: «ORGANIST ZEIGT NEUEN CHORSÄNGERINNEN SEIN PRACHTSTÜCK.»

Ich begann meine Laufbahn als Lehrer in einer Kleinstadt, deren Lokalzeitung ich abonniert hatte. Sie bot eine amüsante Lektüre, weil zahlreiche Druckfehler die ansonsten langweiligen Artikel mit einem unfreiwilligen humoristischen Anstrich versahen. Wie es zu solchen Druckfehlern kommt, wurde im *Wintness* von Dubuque erklärt:

«In einem normalen Zeitungsartikel stehen zehntausend Buchstaben, wobei es für jeden Buchstaben sieben falsche Plätze gibt, was insgesamt 70 000 Fehlermöglichkeiten und ein paar Millionen Umstellungsmöglichkeiten ergibt. Wenn wir nun überlegen, wie viele Artikel jede Zeitung enthält ... Wußten Sie, daß in dem Satz ‹To be or not to be› durch Umstellung 759 022 Fehler gemacht werden können?»

Diese Wahrscheinlichkeit und die menschliche Fehlbarkeit machen eine gewisse Anzahl von Fehlern unvermeidlich. Den meisten tüchtigen Persönlichkeiten, die wir aus der Geschichte kennen, unterliefen irgendwelche Versprecher, Dummheiten oder Peinlichkeiten. Umgekehrt sorgt

der Zufall dafür, daß auch der Unfähige von Zeit zu Zeit
recht hat. Diese nüchterne Überlegung sollte uns davon
abhalten, gelegentliche Fehler allzu tragisch zu nehmen.

Euphemismen – Wörter, die beschönigen, was sonst
allzu kraß klingen könnte – erleben in den letzten Jahren
eine auffällige Hochkonjunktur. Unerwünschte oder
kranke Haustiere werden «eingeschläfert». Beerdigungs-
unternehmen haben «Schlummerräume» – ein Ausdruck,
der seine Unschuld nur so lange bewahrt, bis man versucht, die «Schlummernden» aufzuwecken. Echte Kom-
munikationsprobleme treten auf, wenn die Sprache dazu
benutzt wird, die Wirklichkeit vor denen zu verbergen,
die ein Recht hätten, über sie informiert zu werden. Das
Aufsichtspersonal im Nationalpark wollte der Öffentlichkeit nicht erklären, daß es die Esel im Grand Canyon tötet, deshalb war immer nur von «direkter Reduzierung»
die Rede. In CIA-Dokumenten finden sich Formulierun-
gen wie «extrem nachteiliger Ausgang» als Euphemismen
für Mord. Bei der Polizei heißt die Krawallbekämpfung
«Konfrontationsmanagement».

Der amerikanische Rat der Englischlehrer verleiht jährlich seinen Preis für Doppelzüngigkeit an bekannte Persönlichkeiten aus Wirtschaft und Politik für besondere
Verdienste beim Täuschen, Hinters-Licht-Führen, Verwirren und Reinlegen der Öffentlichkeit. Diese Anerkennung für Menschen, die sich eine besonders unehrliche,
ausweichende, euphemistische, verwirrende oder wider-
sprüchliche Sprache zuschulden kommen lassen, wird seit
1974 jährlich verliehen.

William Lutz von der Rogers University, Vorsitzender
des Komitees für Öffentliche Doppelzüngigkeit, gab die
Preisträger 1983 bekannt. Der erste Preis ging an Ronald
Reagan. In der Laudatio wurden drei seiner Sprachleistun-

gen hervorgehoben: der Beiname «Peacemaker» für die
MX-Rakete, seine Erklärung, daß «eine Stimme gegen die
MX-Produktion eine Stimme gegen die Rüstungskon-
trolle der Zukunft» sei, und seine Rede vor der National-
versammlung von Costa Rica, in der er erklärte: «Jede Nation, die ihre Nachbarn durch die Unterstützung von
Guerillakämpfern und Export von Gewalt destabilisiert,
hat das Recht auf enge und fruchtbare Beziehungen zu all
den Völkern verwirkt, die Frieden und Freiheit wahrhaft
lieben.»

Den zweiten Preis erhielt Colonel Frank Horton, Kommandant des Luftwaffenstützpunktes in Grand Forks,
North Dakota, weil er die Titan II, die Rakete, die mit den
schwersten Atomsprengköpfen bestückt ist, als ein «sehr
großes Wiedereintrittssystem mit potentieller Explosiv-
kraft» bezeichnet hatte.

Die Wirtschaftsprüfungsfirma Ernst & Whinney kam
auf den dritten Platz, weil sie in dem Bemühen, Steuerer-
leichterungen für einen ihrer Klienten zu erwirken,
verschiedene Teile eines Gebäudes höchst phantasievoll
umgetauft hatte. Eine Feueralarmanlage erhielt die Bezeichnung «Verbrennungsindikator», und die fünfzehn
Meter hohen Reklameschilder eines Einkaufszentrums
wurden als «Erkennungstafeln» ausgewiesen.

Letzter Preisträger wurde das Pentagon für die Um-
schreibung der Neutronenbombe als «Strahlenverstär-
kungsgerät». Der Rat der Lehrer stellte außerdem fest,
daß niemand im Verteidigungsministerium den Begriff der
«nationalen Sicherheit» definieren konnte.

Im Pentagon wird ein Krieg als «Verteidigungsfall» oder
«Polizeiaktion» bezeichnet; Waffen sind «Präzisionsge-
räte»; Geschosse sind «kinetische Energieträger mit

Durchschlagskraft»; Bombardierung heißt «Luftunter-
stützung»; der Rückzug wird als «Frontbegradigung» bezeichnet, und die Entlaubungsaktionen in Vietnam nannte
man «Beseitigung schädlicher Vegetation».

Der *Sonoma County Realtor* riet Grundstücksmaklern:
«Sagen Sie nicht Anzahlung, sagen Sie Anfangsinvestition.
Sagen Sie nicht zweite Hypothek, sagen Sie: ‹Vielleicht
können wir Ihnen eine Zusatzfinanzierung zusichern.›
Benutzen Sie nicht das Wort Vertrag, lassen Sie einen Vor-
schlag oder ein Angebot unterschreiben.»

Nach der Sprachregelung der amerikanischen Finanzbe-
hörde bedeutet «Einkommensverbesserung» Steuererhö-
hung, «Verbrauchertarif» meint Steuer, unter «Rückge-
winnung von Überschußgewinnen» wird die Besteuerung
der Sozialhilfe verstanden. Eine besondere Gruppe kann
einen «notwendigen Steueranreiz» erhalten, was für andere schlicht und einfach eine Gesetzeslücke ist.

Montreal, Quebec: Die 450 Mitglieder der Gesellschaft
der Beerdigungs- und Einbalsamierungsunternehmen än-
derten den Namen ihrer Organisation in Gesellschaft der
Thanatologen – von dem griechischen Wort Thanatologie,
Wissenschaft vom Tode. Die Beerdigungsunternehmer erklärten: «In zwanzig Jahren wird das Wort so geläufig sein
wie Schlachter oder Bäcker.»

Bürokraten haben es schwer, das Ergebnis ihrer Arbeit objektiv zu messen. Deshalb produzieren sie einen Wust von
Wörtern, um ihren Wert unter Beweis zu stellen und ihre
Pfründe zu verteidigen. In der Amtssprache werden Sub-
stantive zu Verben gemacht, wodurch anstelle der Wort-

bedeutung die Aktivität in den Vordergrund rückt: *formalisieren, funktionalisieren, aktivieren, optimieren.*

Der Bürokrat und der gestandene Politiker sprechen beide ihre eigene Sprache, allerdings mit erheblichen Überschneidungen. Deshalb enthält die folgende kleine Stichprobe Wörter aus beiden Sondersprachen. Sie werden feststellen, daß der Wortschatz des Bürokratenchinesisch aus Neuschöpfungen besteht sowie aus bekannten Wörtern, die einfach eine neue Bedeutung erhalten. Ein Beispiel für ein neues Wort ist marginalisieren. Ein Bürokrat, der nicht seine Quote an Aktennotizen erhält, wird «marginalisiert» – das heißt, aus der Kommunikationshierarchie ausgeschlossen. Das verursacht in dem Opfer der Marginalisierung beträchtliche Angst, denn der Vorgang bedeutet, daß «sie» daran denken, ihn zu ersetzen, in einen anderen bürokratischen Apparat zu versetzen oder zu entlassen. Die bürokratische Bedeutung von *akzeptabel* zeigt, wie ein altes Wort eine neue Bedeutung annehmen kann. *Akzeptabel* heißt für einen Bürokraten, daß die richtigen Leute geschützt werden – so zum Beispiel in der Formulierung «eine akzeptable Zahl von Arbeitslosen», die bedeutet, daß «unsere» Arbeitsplätze gesichert sind, oder ein «akzeptabler Haushalt», worunter zu verstehen ist, daß einige Leute empfindliche Einbußen erleiden werden, nicht aber wir.

Aggression: militärischer Ausdruck, der eine feindliche Invasion auf neutralem Gebiet bezeichnet. Der gleiche Vorgang heißt **Vordringen,** wenn eigene Truppen im Spiel sind.

Brüder und Schwestern: Bürger der DDR.

Dritter Lebensabschnitt: Sozialarbeiterausdruck für das Alter.

Gesundschrumpfen: einen Großteil der Beschäftigten eines Unternehmens entlassen.

HwG: häufig wechselnder Geschlechtsverkehr, Behördenausdruck für Prostitution.

Informierte Kreise: undichte Stellen in der Regierungsbürokratie.

Konjunkturschwäche: Wirtschaftskrise.

Kontrovers: ein Wort, das Politiker gern in öffentlichen Reden verwenden, um in einer Frage, der sie ablehnend gegenüberstehen und gegen die sie stimmen werden, keine Farbe bekennen zu müssen. Bürokraten bedienen sich des Wortes einfach, um ihre Unentschlossenheit zu rechtfertigen.

Lebensgemeinschaft: Behördenausdruck für ein unverheiratetes Paar, das zusammenlebt.

Öko: Saloppe Bezeichnung für Umweltschützer und andere Bürgerinitiativen.

Optimieren: die Komplexität zum Schutze der eigenen Position steigern. Wenn ein Bürokrat sagt: «die Kommunikation optimieren», meint er einen Sprachgebrauch, der das Problem verschleiert, unter den Teppich kehrt oder gar nicht zur Sprache bringt.

Proband: Bezeichnung von Bewährungshelfern für ihre Schützlinge.

Querulant: jemand, der Unregelmäßigkeiten aufdeckt.

Reizverarmung: Sozialarbeiterausdruck für Einsamkeit.

Ungenauigkeiten: Lügen.

Verkaufen: der Öffentlichkeit eine unpopuläre Entscheidung oder Tatsache schmackhaft machen.

Vertiefen: Darlegung einfacher Begriffe in eindrucksvoller akademischer Sprache.

Vorausplanen: planen.

Zeitpunkt: allgemeiner Ausdruck zur Abwälzung von

Verantwortung – etwa in Sätzen wie: «Zum fraglichen Zeitpunkt war mir die Sachlage noch nicht zur Kenntnis gelangt.»

Ein Senatsausschuß für die Streitkräfte bat das Verteidigungsministerium um je ein Exemplar der im Pentagon gebräuchlichen Formulare. Er erhielt 11 116 Formulare.

Die oberste Verwaltungs- und Rechnungsbehörde berichtete, daß 25 Prozent der Planungskosten für Bundesstraßen auf Schreibarbeiten zurückzuführen seien.

In den Büros aller amerikanischer Geheimdienste fallen pro Tag hundert Tonnen Papierabfälle an, die der Geheimhaltung unterliegen.

Das Gesetz zur Reduzierung der Schreibarbeiten aus dem Jahre 1980 verlangt, daß auf den unteren Rand aller Regierungsformulare ein Zusatzabsatz gedruckt wird, der die Auflagen eben dieses Gesetzes erläutert.

Der Kongreßabgeordnete Jim Santini (ein Demokrat aus Nevada) hat geschätzt, daß ein Fünftel der Staatsbeamten und Tausende von Rechtsanwälten arbeitslos würden, wenn die Bundesvorschriften und -verordnungen verständlich wären.

Eine Veröffentlichung, die kürzlich vom kalifornischen Ministerium für Verbraucherangelegenheiten herausgegeben wurde, beginnt mit den Worten: «Bei den in diesem Kapitel enthaltenen Regeln und Vorschriften gilt das Präsens für das Präteritum und Futur und das Futur für das Präsens, das Maskulinum für das Femininum und das Fe-

mininum für das Maskulinum, das Singular für das Plural
und das Plural für das Singular.»

In einer Vorschrift des Komitees für Effekten und Wechsel
heißt es: «Wenn irgendein Punkt einer Frage, die Gegenstand dieser Regelung ist, der Information bedarf und
diese Frage andere Fragen einschließt, hinsichtlich derer
ebenfalls ein Informationsbedürfnis vorliegt, müssen die
Informationen, die für diese anderen Punkte erforderlich
sind, ebenfalls gegeben werden.»

I. E. Solberg, einem Mitglied des Senats von North Dakota, saß wohl der Schalk im Nacken, als er erklärte: «Das
Gebot der Stunde ist offensichtlich, alle konkreten Maßnahmen solange zurückzustellen, bis wir durch Volksent-
scheid eine Planungsgruppe zusammengestellt haben, die
eine Kommission wählt mit dem Auftrag, eine neue Ex-
pertengruppe zu gewinnen, die die Möglichkeit überprü-
fen müßte, ob sich eine Zusammenstellung aller Aus-
schüsse anfertigen läßt, die in der Vergangenheit die
verschiedenen Untersuchungen erfaßt und katalogisiert
haben, durch die ermittelt werden sollte, was aus all den
politischen Maßnahmen geworden ist, die dem Rotstift
zum Opfer fielen, als irgend jemand anders neue politische
Maßnahmen beschloß. Sobald das erledigt ist, können wir
uns, wie ich meine, mit all unserer Kraft der vorläufigen
Planung einer neuen Studie mit Bundesmitteln zuwenden,
in der zu klären wäre, warum nichts sofort getan werden
kann.»

Sprache ist Macht. Durch sie erhält man Zugang zu vielen
Bereichen, wird aber auch durch sie von vielen Bereichen
ausgeschlossen. George Bernard Shaw schrieb: «Jeder Be-

rufsstand ist eine Verschwörung gegen die Laien.» Die Prestigesucht bevorzugt die Machtsprache auf Kosten funktionierender Verständigung. Das Problem der Statussprache liegt darin, daß sie selten vom Leser verstanden wird – und möglicherweise nur sehr ungefähr vom Schreiber –, doch das hält uns nicht davon ab, eine ständig wachsende Hierarchie der Nichtverständigung zu errichten. Beim Aufstieg innerhalb dieser Sprachhierarchie erreichen wir verschiedene Ebenen der Verständigungsunfähigkeit. Wenn Wörter ihre Bedeutung verlieren, verlieren sie ihren Wert und mit ihnen die Gedanken, die sie darlegen. Wenn dieser Prozeß fortdauert, werden sich die Bürger eines Tages nicht mehr mit ihren Politikern verständigen können. Die Unterschiede zwischen den sozialen Schichten werden sich vertiefen, und die Entfremdung wird zunehmen. Die Gruppen werden in zunehmende Isolierung geraten, wenn sie sich nicht mehr über die Grenzen ihrer unverständlichen Jargons hinweg verständigen können, und die Menschen werden zu Fremden im eigenen Lande werden.

COROLLARIUM 15: Hoch, höher und Hoppla!

7
Geist der Truppe

Im Erziehungswesen und beim Militär ist das Peter-Prinzip in seiner reinsten Form anzutreffen, weil diese Hierarchien eindeutig festgelegte Rangstufen oder Dienstgrade haben, die die Sprossen der Beförderungsleiter bilden. Der Aufstieg beim Militär geht nach dem alten Sprichwort: «Man muß gehorchen lernen, um befehlen zu können.» Wie kann die Fähigkeit zu führen auf der Fähigkeit zu gehorchen beruhen? Genauso gut könnte man behaupten, daß die Fähigkeit zu schwimmen auf der Fähigkeit unterzugehen beruht. Die größten Führer in der Geschichte waren berüchtigt für ihren mangelnden Gehorsam.

Wer gut gehorchen kann, führt die Entscheidungen aus, die andere getroffen haben. Ein Musterbeispiel für Gehorsam liefert Andy Anderson aus Marina, Kalifornien. Als er auf Taiwan stationiert war, testete er seine Offiziere mit folgender Mitteilung: «Das angefügte Rundschreiben wurde irrtümlich in Umlauf gebracht. Die Abteilungsleiter werden gebeten, ihr Zeichen zu streichen und die Streichung durch ihr Zeichen zu bestätigen. Capt. Anderson.» In einem Brief stellte er fest: «Die Abteilungsleiter taten, wie ihnen befohlen, und stellten keine Fragen.»

Gelegentlich erweist sich jemand, der auf unteren

Rangstufen oder als Kadett auf der Militärakademie gut
gehorchen kann, als guter Führer, wenn er befördert wird,
doch häufig erschöpft sich die Fähigkeit dieses Typus im
Gehorsam, ganz gleich, wie hoch er in der Hierarchie klettert.

> «Ich bin von einer lähmenden Gleichgültigkeit gegen-
> über unseren Offizieren. Zuviel Körper und zuwenig
> Gehirn.» – T. E. LAWRENCE

Umgekehrt waren einige der größten Führungspersön-
lichkeiten in der Geschichte bekannt für ihren Ungehorsam. Wer gut gehorchen kann, besitzt die Fähigkeit, die
Befehle anderer auszuführen, während gute Führer die
Fähigkeit besitzen, Entscheidungen zu treffen und Befehle zu erteilen.

Feldmarschall Bernard Montgomery war einer der fähigsten alliierten Kommandanten im Zweiten Weltkrieg.
Er war ein fürchterlicher Dickkopf, aber als es sehr
schlecht um England stand, entschied Winston Churchill,
daß man Montgomerys militärische Führungsqualitäten
brauche. 1942 wurde Montgomery zum Chef der achten
britischen Armee ernannt, die gerade von Generalfeld-
marschall Rommel in Nordafrika besiegt worden war.
Montgomery erwies sich als außergewöhnliche Führungspersönlichkeit. Er stellte die Kampfmoral der Truppe wieder her, sorgte für eine Überlegenheit an Menschen und
Material, zwang Rommel zu einem Rückzug quer durch
Nordafrika und schließlich zur Kapitulation in Tunesien.

In einer Folge von Siegen, die ihren Höhepunkt mit der
deutschen Kapitulation in Norddeutschland am 4. Mai
fanden, folgte Montgomery einer beständigen Politik entschlossenen Handelns. Langsam und zäh rückte er vor

und erfreute sich großer Beliebtheit bei seinen Männern. Häufig warf man ihm unüberlegtes Draufgängertum vor, doch er handelte nie, bevor die Situation nicht reif und seine Truppen in geeigneter Verfassung waren. Als er dem Kommando von Dwight D. Eisenhower unterstellt wurde, gab es viele persönliche und politische Reibereien zwischen den beiden. Seine ganze Laufbahn hindurch erwies sich Montgomery als schlechter Gehorcher und großer Führer.

In der Geschichte gibt es genügend Beispiele für den entschlossenen, unabhängigen, mutigen Einzelgänger, der in die Bresche springt, wenn der Führer fällt, der die Verantwortung übernimmt, den Feind zurückschlägt und seine Kameraden in Sicherheit bringt. Menschen, die ein solches Maß von Unabhängigkeit, Initiative und Führungsqualitäten aufweisen, haben mehr Chancen, im Feld befördert zu werden als auf normalem Wege oder in Friedenszeiten.

Das Scheitern fähiger Männer, die auf zu hohe Entscheidungsebenen gelangen, hat eine lange Tradition. 115 v. Chr. wurde Marcus Licinius Crassus geboren und erwies sich im Zusammenwirken mit anderen als ein fähiger Administrator in Wirtschaft, Politik und Militärwesen. Doch 54 v. Chr. führte er als römischer General Tausende von Soldaten in den Tod, als er in einem schlecht vorbereiteten Feldzug gegen die Parther militärischen Ruhm zu ernten hoffte. Er wurde gefangengenommen und hingerichtet, indem man ihm geschmolzenes Gold in die Kehle goß.

Da sich John Frémont als junger Offizier in den Indianerkriegen hervorragend bewährt hatte, wurde er 1861 als Generalmajor in die Nordstaatenarmee eingestellt. Er erlitt gegen die sehr viel kleinere Konföderiertenarmee im

Shenandoah Valley eine Reihe von Niederlagen und nahm 1864 seinen Abschied. Er hatte nicht eine einzige Schlacht gewonnen.

Alexei Kuropatkin war ein brillanter russischer Generalstabsoffizier, der bis in den Rang eines Generals aufstieg. 1904, zu Beginn des Russisch-japanischen Krieges, wurde Kuropatkin mit dem Kommando der russischen Armee in der Mandschurei betraut. In dem einen Jahr seiner Armeeführung verlor er jede Schlacht und wurde 1905 von seinem Kommando entbunden.

> «Das Wesen militärischer Unfähigkeit und die Eigenschaften, die den fähigen vom unfähigen Befehlshaber unterscheiden, sind sich im Laufe der Zeit erstaunlich gleich geblieben, obwohl andere Faktoren, die den Gang der Geschichte prägten, erheblichen Veränderungen unterworfen waren.
>
> Ob gut oder schlecht ausgerüstet, ob Männer befehligend, die mit Speeren oder mit Panzern und Raketen ausgerüstet sind, ob Engländer, Russen, Deutsche, Zulus, Amerikaner oder Franzosen, gute Befehlshaber sind immer aus dem gleichen Holz geschnitzt. Genau wie alle schlechten Befehlshaber zum gleichen Schlag gehören.»
> – NORMAN F. DIXON, *On the Psychology of Military Incompetence*

Welche medizinischen und psychologischen Probleme sich einstellen, wenn jemand auf Grund seiner Fähigkeit zu gehorchen, befördert wird, hat R. Brown von der psychiatrischen Abteilung des National Defense Medical Centre in Ottawa in einem Artikel berichtet, der den Titel trägt «The Obsessive Compulsive Personality in the Canadian Forces» (erschienen in: *Medical Services Journal, Canada,* Bd. XX, Nr. 11). Seine Befunde gelten nicht nur für die militärische Hierarchie. Einige besonders auffällige Eigenschaften des zwangsneurotischen Persönlichkeitstyps – der sich eben durch Gehorsam auszeichnet – sind Gewissenhaftigkeit,   Ordnungsliebe,   Zuverlässigkeit, Disziplin, Ausdauer, Pünktlichkeit, Genauigkeit, Abhängigkeit und Zurückhaltung. Personen mit leichten zwangsneurotischen Zügen fühlen sich am wohlsten in einer Welt, die von Befehlen geregelt ist, und sind meist in den höheren Rängen der Beamtenhierarchie anzutreffen. Brown erläutert: «Viele Zwangsneurotiker erleben vorübergehende Zusammenbrüche, wenn sie die Beförderungsleiter zu hoch hinaufklettern oder wenn sie mit ungewohnten Aufgaben betraut werden.» Diese Situation wird als «Beförderungsneurose» bezeichnet.

> «Der englische Soldat nimmt es mit jedem auf, nur mit dem englischen Heeresministerium nicht.»
> – GEORGE BERNARD SHAW

In einem Kalten Krieg beschließt ein Staat freiwillig, einen anderen Staat als Gegner zu betrachten und mit dessen militärischer Stärke Schritt zu halten oder sie sogar zu übertreffen. Kalter Krieg heißt, daß man diesem Gegner einen Teil der zur Verfügung stehenden Rohstoffe, der industriellen Kapazitäten und Arbeitskräfte opfert. Solche Dinge werden dem Gegner geopfert, wenn man sie anderer Zweckbestimmung vorenthält, ob man sie nun lagert oder bereithält. In der gegenwärtigen militärischen Konkurrenzsituation zwischen den Vereinigten Staaten und der Sowjetunion hat es den Anschein, als ob jede Seite es darauf anlege, die andere in den wirtschaftlichen Ruin zu treiben. Der Sieger in diesem ohne Schießen ausgetragenen Konflikt ist derjenige, der die Wirtschaft seines Gegners kaputtmacht, wobei er aber auch eine fürchterliche Schwächung der eigenen Wirtschaft in Kauf nimmt – eine Pattsituation.

In einem Heißen Krieg opfert man die eigenen Energiequellen, um die des Gegners zu zerstören. In früheren Zeiten, als Menschen und Land die wichtigsten Aktivposten der Staaten waren, zahlten sich Kriege noch aus. Besiegte Armeen wanderten in die Sklaverei, und ihre Gebiete wurden besetzt. Heute sind die wirtschaftlichen Ressourcen der Sieger in der Regel erschöpft, während die Verlierer ein Wirtschaftswunder erleben.

COROLLARIUM 16: Je höher man steigt, desto tiefer fällt man.

Unter den gegenwärtigen Verhältnissen wäre das einzig Vernünftige ein funktionierendes internationales Recht. Da keine der führenden Weltmächte sich zu einer solchen Politik verstehen kann, müssen wir militärische Fähigkeit nach kriegerischen Kriterien beurteilen, auch wenn in unserem atomaren Zeitalter – in der der Overkill der Erdbevölkerung ohne weiteres möglich ist – Sicherheit nicht durch immer höhere Kapazitäten gegenseitiger Vernichtung erreicht werden kann. Im folgenden kurzen Überblick wollen wir uns mit einigen der Menschen, Gelder und Dinge befassen, die in militärischen Aktionen eine Rolle gespielt haben.

> «Mit Beispielen aus zwei Jahrtausenden hinter uns haben wir keine Entschuldigung, wenn wir schon Kriege führen, sie dann nicht wenigstens gut zu führen.»
> – T. E. LAWRENCE

Menschen

Die Entscheidungen, die von militärischen Führern getroffen wurden, sind von großer Bedeutung für den Erfolg oder Mißerfolg von Kriegen und müssen deshalb einen Schwerpunkt unseres Interesses bilden. Natürlich spielt Kompetenz auf allen Ebenen eine Rolle. Niemand wird die Untauglichkeit des Postens in Frage stellen, der General Stonewall Jackson, als dieser von einer Geländeerkundigung in sein konföderiertes Lager zurückkehrte, nicht erkannte und infolgedessen erschoß.

Kaum läßt sich wohl ein eindeutigerer Fall von Unfähigkeit finden als der des R. E. de Bruyeker. Als Spion im Dienste der Sowjetunion brach er 1976 in den Nato-Flottenstützpunkt in Agnano bei Neapel ein und entkam mit einigen Geheimdokumenten. Zu seinem Pech hinterließ er allzu deutliche Spuren: Er vergaß seine Reisetasche am Ort des Geschehens, die nicht nur sein Handwerkszeug enthielt – einen Hammer, eine Feile und ein Playboyheft –, sondern auch alles Wissenswerte über seine Person, einschließlich seiner Adresse. Man hatte ihn sehr schnell gefaßt.

Ein besonderes Maß an Untauglichkeit bewies Colonel John Finnis, ein britischer Armeekommandant in Indien. 1857 wurde er von seinen eigenen Leuten getötet, nachdem er ihnen unmittelbar zuvor einen Vortrag über militärischen Ungehorsam gehalten hatte.

> «Sollen sie uns nur angreifen … Wir sind auf jeden denkbaren Schritt vorbereitet … Die englische Armee verfügt über die beste Ausrüstung der Welt.»
> – General EDMUND IRONSIDE, 1940

... nachdem er ihnen unmittelbar zuvor einen Vortrag über militärischen Ungehorsam gehalten hatte

«Ihr [der deutsche] Erfolg wäre leicht zu verhindern gewesen, wären da nicht die Schnitzer der Alliierten gewesen, Schnitzer, die größtenteils auf völlig veraltete Vorstellungen zurückgingen.»
— LIDDELLHART, 1940

Führungsqualität ist die Fähigkeit, richtige Entscheidungen zu treffen, einen Weg zu zeigen und zu befehlen. Eine falsche Entscheidung kann auf falsche Überlegungen oder falsche Informationen zurückgehen.

Wir werden niemals erfahren, ob Edgar Allan Poes Rausschmiß in West Point ein Beispiel für Kompetenz oder Inkompetenz war, es sei denn, wir gewinnen eines Tages Klarheit über die Motive seines Handelns. 1831 wurden die Kadetten angewiesen, «mit weißen Gürteln, weißen Handschuhen und in Waffen» zur Parade zu erscheinen. Poe wurde «wegen grober Pflichtverletzung» der Kadettenanstalt verwiesen – er war zu der anberaumten Parade mit Ausnahme des weißen Gürtels, der weißen Handschuhe und seines Gewehrs völlig nackt erschienen.

Im Krieg von 1812 erlitt der amerikanische General William Henry Winder trotz vierfacher Überzahl gegenüber den englischen Truppen in der Schlacht von Stony Creek eine Niederlage und geriet in Gefangenschaft. Die Engländer erkannten, daß Winder dank seiner Unfähigkeit ein idealer Gegner war und tauschten ihn in der Hoffnung aus, daß er den Amerikanern weitere katastrophale Niederlagen einbrocken würde. Winders rechtfertigte das in ihn gesetzte Vertrauen. Als er die Hauptstadt Washington verteidigte, wurde sie geplündert und größtenteils niedergebrannt.

1959 wurde Ugo Mamolo in den Vereinigten Staaten zum Wehrdienst eingezogen. «Ich sprach kaum englisch», berichtete der italienische Staatsbürger. «Deshalb steckten sie mich in die Schreibstube.»

Die kommandierenden Offiziere der USA schreiben einmal im Jahr Beurteilungen der ihnen unterstellten Offiziere. Einige Auszüge aus solchen Dokumenten:

«Dieser Offizier ist begabt, aber weiß es gut zu verbergen.» «Kann einen Satz jederzeit in zwei Absätzen ausdrücken.»
«Ein ruhiger, verschwiegener Offizier. Fleißig, ausdauernd, sorgfältig und sauber. Ich möchte ihn nie in meinem Stab haben.»
«Verfügt über einen scharfen analytischen Verstand und große geistige Fähigkeiten. Empfiehlt sich für den Forschungs- und Entwicklungsbereich. Ihm fehlt es an gesundem Menschenverstand.»

Der Herzog von Medina Sidonia wurde 1558 mit dem Kommando über die spanische Armada betraut. Er schrieb seinem König: «Meine Gesundheit läßt sehr zu wünschen übrig, und aus den wenigen Erfahrungen, die ich auf dem Meer gemacht habe, weiß ich, daß ich sofort seekrank werde. Der Kommandant einer so umfangreichen, lebenswichtigen Expedition muß etwas von Navigation und Seekriegsführung verstehen. Mir ist beides völlig fremd. Seien Sie versichert, daß ich, sollten Sie mich doch entsenden, das in mich gesetzte Vertrauen nicht zu rechtfertigen wissen werde.» Philipp II. entsandte ihn trotzdem!

1948 wurde Colonel David Marcus, Angehöriger der israelischen Armee, von seinen eigenen Soldaten getötet, weil sie dachten, er sei ein Araber. Um vor seinem Zelt zu urinieren, hatte er sich ein Bettuch umgeworfen!

Alexander Samsonow war ein farbloser russischer Bürokrat, der zum kommandierenden General der zweiten russischen Armee im Ersten Weltkrieg ernannt wurde. Er war von außergewöhnlicher Unfähigkeit. Vergeblich suchte er die Deutschen, aber die Deutschen suchten und fanden ihn bei Tannenberg, wo sie seine Truppen niedermetzelten. Er war so verzweifelt, daß er den Tod suchte, indem er in die vordersten Linien ritt, aber auch das gelang ihm nicht. Schließlich zahlte sich seine Ausdauer doch noch aus, als er einen Selbstmordversuch erfolgreich abschloß.

1956 befahl ein Sergeant in einem Ausbildungslager des Marine Corps auf Parris Island einem Zug Rekruten, in ein Gewässer hineinzumarschieren, in dem sie nicht mehr stehen konnten. Sechs ertranken, weil sie nicht schwimmen konnten.

Der japanische Leutnant Hiroo Onoda führte den zweiten
Weltkrieg bis zum März 1974. Das Fehlen bewaffneten
Widerstands konnte ihn nicht von seinem Entschluß ab-
bringen, das entlegene Eiland der Philippinen zu verteidigen, auf dem er stationiert war. Genauso wenig vermoch-
ten es die Briefe, die von Flugzeugen abgeworfen wurden
und ihn aufforderten, nach Hause zu kommen. Er hielt sie
für eine Kriegslist der Amerikaner, die ihn zur Aufgabe
bewegen sollte. So setzte er seinen Krieg fort, kam gelegentlich aus dem Dschungel heraus und gab einen Warn-
schuß im Namen seines Kaisers ab. Als er 1974 gefunden
und nach Japan zurückgebracht wurde, brauchte man
sechs Monate, um ihn davon zu überzeugen, daß der
Krieg vorüber war.

Antonio López de Santa Anna richtete sein ganzes Leben
nach seinem großen Vorbild Napoleon aus und hielt sich
für einen großen Strategen. Obwohl er Napoleons Haar-
tracht imitierte und sich das Haar in die Stirn kämmte,
gelang es ihm nicht, wie Napoleon auszusehen, denn Napoleon war klein und dick gewesen, während Antonio
groß und dürr war. Außerdem hatte Santa Anna nur noch
ein Bein. Das andere hatte er von einem Spezial-Begräb-
nisunternehmen auf dem Friedhof von Santa Paula beiset-
zen lassen, nachdem er es 1838 auf dem Feld der Ehre in
Frankreich eingebüßt hatte.

Trotz seiner Verehrung für Napoleon gingen ihm dessen
strategische Fähigkeiten ab. In der Absicht, den Feind zu
verwirren, ließ er seine Truppen feindliche Uniformen an-
ziehen und unternahm einen Überraschungsangriff. Das
Ergebnis war eine totale Verwirrung und ein völliger Mißerfolg.

Der Höhepunkt seiner militärischen Laufbahn war die

zwölftägige Belagerung der ehemaligen Franziskaner-
mission Alamo in San Antonio – vom 23. Februar bis
zum 6. März 1836. Mit seinen viertausend mexikanischen Soldaten machte Santa Anna die knapp zweihun-
dert texanischen Freiwilligen, die Alamo verteidigten,
bis auf den letzten Mann nieder.

Sam Houston, der Kommandant der Armee, schürte
die Wut seiner Männer mit dem Ruf: «Denkt an
Alamo!» Mit sträflichem Leichtsinn schlug Santa Anna
am 20. April 1836 sein Lager an dem Fluß San Jacinto
auf, in dessen Nähe sich die Texaner, wie bekannt war,
verbargen, und befahl seinen Männern, sich zur Ruhe
zu begeben. In der Frühe des nächsten Morgens wurde
seine Armee in achtzehn Minuten vernichtet. Als Santa
Anna vom Kampfeslärm aus dem Schlaf geschreckt
wurde, rief er: «Der Feind ist da!», warf sich auf sein
Pferd und galoppierte von dannen. In dem Mexikanischen Krieg von 1846 bis 1848 verlor er jede Schlacht,
die er schlug.

In der Regierungszeit von Kennedy sollte ein Evaku-
ierungsplan für den Fall eines Atomkriegs ausgearbeitet
werden. Ohne Wissen Kennedys wurden zwei Pläne er-
stellt. Der eine räumte den Pentagongenerälen die Befehls-
gewalt ein und wurde dem Generalstab gezeigt, der andere
überließ der zivilen Führung die Verantwortung und
wurde dem Kabinett vorgelegt. Da beide Pläne höchster
Geheimhaltung unterlagen, wußte keine der beiden Gruppen von dem anderen Plan. Hätte es einen Alarm gegeben,
wäre es zu einer schier unvorstellbaren Verwirrung gekommen. Der Mann, der die Pläne aufstellte, setzte seinen
Namen in beiden ganz weit nach oben.

Am 25. Oktober 1854 führte James Thomas Brudenell
während des Krimkriegs bei Balaklawa einen englischen
Kavallerieangriff gegen die Russen. Die Geschichte dessen, was dann geschah, machte Lord Tennyson in seinem Gedicht «The Charge of the Light Brigade» un-
sterblich. Brudenell, ein streitsüchtiger Leuteschinder,
der sich die meisten Beförderungen mit seinem Geld er-
kauft hatte, machte seine Kavalleristen zur bestgekleide-
ten Truppe der ganzen Armee, indem er große Summen
aus eigener Tasche beisteuerte. In Balaklawa erhielt er
mißverständliche Befehle, und obwohl ihm ihr Sinn
zweifelhaft erschien, führte er sie aus, indem er seinen
Angriff in die falsche Richtung und gegen die falschen
Einheiten führte. Seine Abteilung bekam es nicht mit
einer geschwächten Flanke zu tun, sondern mit dem
stärksten Abschnitt der feindlichen Linien, so daß 268
seiner 670 Soldaten von der russischen Artillerie nieder-
gemäht wurden. Brudenell wurde leicht verwundet und
verließ das Schlachtfeld, während seine Männer noch
weiterkämpften. Die aussichtslose Tapferkeit des An-
griffs nahm die Phantasie der englischen Öffentlichkeit
gefangen, und er war der Held des Tages bei seiner
Rückkehr nach England.

> «In einer Situation, in der die Folgen einer falschen
> Entscheidung so grauenhaft sind, in der ein leichter
> Anflug von Irrationalität eine ganze Kette traumati-
> scher Ereignisse auslösen kann, können wir uns mei-
> ner Meinung nach nicht damit zufrieden geben, daß
> die meisten Menschen sich die meiste Zeit über ratio-
> nal verhalten.» – C. E. OSGOOD

Eine sechs Mann starke Einheit wurde nach Brownsville in
Texas geflogen zu einer geheimen Übung. Mit Maschinen-

gewehren ausgerüstet, sollte die Gruppe in die Stadt hinein- und wieder herausgelangen, ohne gesehen zu werden. Doch die Einheit verlief sich und mußte schließlich einen Farmer um Hilfe bitten. Der Farmer rief den Sheriff an, der sich bereit erklärte, die Soldaten in die Stadt fahren zu lassen. Der Funkspruch, mit dem die Polizisten zur Farm geschickt wurden, wurde von dem Brownsviller Reporter Don Arnwine abgehört, der der Sache nachging. Arnwine schoß Fotos von der Einheit, als sie aus den Polizeiautos kletterte. Ein Polizist wollte den Film aus «nationalen Sicherheitsgründen» konfiszieren. Trotz seiner Drohungen machte die abgebrochene «Geheimaktion» Schlagzeilen in Brownsville und in den amerikanischen Pressediensten.

«Gegenwärtig ist das Verhältnis zwischen Reserve und aktiven Streitkräften größer als fünf zu eins ... Augenblicklich weisen unsere Streitkräfte mehr Admiräle und Generäle, Captains und Colonels auf als auf dem Höhepunkt des Zweiten Weltkriegs, als wir mehr als 12 Millionen Männer unter Waffen hatten. Auf jeden einfachen Soldaten kommt ein Offizier oder Unteroffizier!»　　　　　　　　– HERBERT SCOVILL JR., ehemaliger stellvertretender Direktor des CIA

«Die Armee hat gegenwärtig mehr Oberstleutnants in der Personalverwaltung (903) als im aktiven Infanteriedienst (838). Und doppelt so viele in der Materialverwaltung (1148) wie in der Artillerie (547).»
Washington Monthly

T. K. Jones, stellvertretender Staatssekretär im Verteidigungsministerium und zuständig für strategische und taktische Atomstreitkräfte, hat zur Situation der amerikani-

schen Bevölkerung in einem Atomkrieg erklärt: «Jeder
muß ein Loch graben, zwei Türen darauflegen und einen
knappen Meter Erde und Sand darüber werfen ... Sand
und Erde sind entscheidend ... Wenn es genügend Schau-
feln gibt, kann es jeder schaffen.»

«Der Krieg ist viel zu ernst, um ihn den Militärs zu
überlassen.»   – TALLEYRAND

Die Than-Hoa-Brücke, hundertfünfzig Kilometer südlich
von Hanoi, war während des Vietnamkriegs ein Schlüssel-
ziel der amerikanischen Luftwaffe. Die Bombardierung
wurde befohlen, als die Luftwaffenoffiziere zu dem
Schluß kamen, die Brücke liege auf einer Hauptnach-
schublinie Nordvietnams. Die Nordvietnamesen be-
haupteten, sie hätten mehr als hundert Flugzeuge bei dem
Versuch abgeschossen, die Brücke zu bombardieren, doch
im Mai 1972 wurde sie endlich zerstört. Seit Jahren brachten die Nordvietnamesen indessen ihren Nachschub über
eine Furt ungefähr acht Kilometer flußabwärts.

«Seit der Landung in Intschön, Korea, ist kein amerikanisches Militärunternehmen mehr von Erfolg ge-
krönt gewesen. Unsere militärischen Leistungen seit
1950 lassen den Schluß zu, daß wir kein Verhältnis mehr zur Kunst der Kriegsführung haben. Auf
Intschön folgte die Schlappe der amerikanischen
Streitkräfte am Jalu, auf Jalu das Fiasko in der Schweinebucht, auf die Schweinebucht das Desaster in Indochina, auf Indochina der verpatzte Sturm auf Son Toy,
um die amerikanischen Kriegsgefangenen herauszu-
holen, die man in Nordvietnam eingesperrt wähnte,
auf Son Toy der Reinfall in der iranischen Wüste.»
                                    – JEFFERY RECORD

General Andrew J. Goodpaster von der Militärhoch-
schule The Citadel in Charleston, South Carolina, führt
die immer schlechter werdende Qualifikation der Armeeangehörigen auf Vietnam und die «falschen Berichte über
Ausrüstung und Moral zurück». Zwar mag das Problem
etwas komplizierter liegen, doch fest steht, daß viele öffentliche Verlautbarungen stark von den Tatsachen abwi-
chen.

«Es ist das selbstverständliche Recht der Regierung,
im eigenen Interesse zu lügen.»
– ARTHUR D. SYLVESTER, Staatssekretär im Verteidigungsministerium, am 6. Dezember 1962

«Weihnachten ist alles vorbei.»
– PAUL D. HARKINS im April 1963

«Wir haben nicht die Absicht, unsere Jungs fünfzehn
oder sechzehntausend Kilometer um die halbe Welt zu
schicken, um dort zu erledigen, was die asiatischen
Jungen selbst tun sollten.»
– Präsident LYNDON B. JOHNSON, am 21. Oktober
1964

«Über kurz oder lang wird der Vietkong ausbluten.»
– General MAXWELL D. TAYLOR, am 27. Oktober
1965

«Ende 1967 werden wir das Licht am Ende des Tunnels
sehen, und jeder wird spüren, daß sich die Dinge zum
Besseren wenden.»
– HENRY CABOT LODGE, US-Botschafter in Südviet-
nam, am 16. Dezember 1966
«Hanoi hat seine fast totale Niederlage eingestanden
... Jeder, der über ein bißchen praktischen Menschen-

verstand verfügt, kann erkennen ... daß Hanoi eine
solche Niederlage eingestanden hat ... Die vielen
amerikanischen Politiker und Politologen, die endlos
verkündet haben ... für uns sei kein ehrenhafter Ab-
schluß dieses Krieges mehr möglich ... werden nun
eine ziemlich dummes Gesicht machen.»
— JOSEPH ALSOP, am 1. November 1972

Geld

Jede Minute werden auf der Erde eine Million Dollar für
die Rüstung ausgegeben, mehr als die Hälfte davon von
den Vereinigten Staaten und der Sowjetunion. Schon heute
verfügen die beiden Supermächte über Kernwaffen mit
einer Sprengkraft von 32 Billionen Pfund TNT, genug,
um jeden Mann, jede Frau und jedes Kind auf der Erde mit
4 Tonnen zu belegen, genug für 800000 Bomben von der
Größe der Hiroschimabombe.

Die Rüstungsausgaben eskalieren weiter und sind die
wichtigste Ursache der Inflation. Die Rüstung entzieht die
natürlichen, technologischen, industriellen und menschlichen Ressourcen der allgemeinen Nutzung und führt sie
in immer höherem Maße einem nicht-produktiven, aufwendigen und letztlich zerstörerischen Verwendungs-
zweck zu. So wird der reale Wohlstand der Welt aufge-
zehrt, wie sich am ständig sinkenden Wert der Währung
zeigt.

In Amerika wird mehr als ein Viertel der wissenschaftlichen und technischen Talente für Verteidigungsanstren-
gungen eingespannt. Das hat die Fähigkeit der Vereinigten
Staaten verringert, mit Japan und anderen Industrienatio-
nen auf Konsumgütermärkten zu konkurrieren, die nicht

der Waffentechnologie vorbehalten sind. Die besten Universitätsabsolventen Japans gehen in die Industrie, um die Qualität von Kameras, Fernsehapparaten, Computern und Autos zu verbessern. Sie stellen ihre Begabung und ihren Sachverstand in den Dienst der Konsumgüterindustrie.

Die Eskalation der amerikanischen Verteidigungsausgaben führt zu Haushaltsdefiziten, malt das Gespenst der Rezession an die Wand und schränkt unsere Konkurrenzfähigkeit auf internationalen Märkten weiter ein.

Das Pentagon ist der größte Käufer von Waren und Dienstleistungen in den USA. Dank seiner Größe und seiner enormen Haushaltsmittel kann es Kongreßabgeordnete und andere Politiker unter Druck setzen. Sie stimmen für die Militärausgaben, weil ihr politisches Überleben davon abhängt. Unter diesen Umständen können die verfassungsmäßigen Kontrollen der amerikanischen Regierung natürlich nicht greifen.

Die von der amerikanischen Regierung für die nächsten fünf Jahre ins Auge gefaßten Rüstungskosten von 1,6 Billionen Dollar ergeben pro Privathaushalt einen Anteil von 20 000 Dollar, der tatsächlich noch höher liegen wird. Das Überschreiten von Finanzplänen ist gute militärische Tradition, deren Ursachen in der Politik, in veränderten Herstellerpreisen und in der Unfähigkeit der Beteiligten zu suchen sind.

Verteidigungskosten werden grundsätzlich zu niedrig angesetzt, damit sie ihren parlamentarischen Segen erhalten, denn man weiß, daß Mehrkosten fast automatisch gebilligt werden, wenn der Haushalt erst einmal verabschiedet worden ist. Herstellerfirmen, die für das Verteidigungsministerium arbeiten, machen stets extrem niedrige Angebote, weil sie davon ausgehen, daß die Regierung,

wenn sie den Auftrag erteilt hat, die Vertragsfirmen nur
ungern auf ihren Kostenvoranschlag festnagelt und die
Verzögerung durch die Suche nach neuen Lieferfirmen in
Kauf nimmt. Die Lieferfirma Pratt & Whitney veran-
schlagte die Kosten für ein bestimmtes Maschinenteil auf
16 Dollar. Später «korrigierten» sie den Preis auf
3033,82 Dollar.

Wie teuer Unfähigkeit ist, läßt sich auf jeder Stufe der
Hierarchie erkennen. Der Pentagon räumt ein, daß ihm
bei der Berechnung der Kosten für vierundvierzig neue
Waffensysteme ein Fehler von 114,5 Milliarden Dollar unterlaufen ist.

In einem separaten Speisezimmer des Pentagons essen
126 Admiräle zu Mittag. Die Kosten pro Essen belaufen
sich auf 31 Dollar, und jedes Essen wird mit 26,98 Dollar
aus Steuermitteln subventioniert.

Die Armee tadelte ihren Rechnungsprüfer und einen anderen General wegen nachlässiger Buchführung, durch
die 165 Millionen Dollar mehr ausgegeben wurden, als der
Kongreß bewilligt hatte. Zwar ging es nur um die fehlende
Registrierung von Verkäufen und Lieferungen militärischen Geräts ins Ausland, aber es blieben beträchtliche
Steuereinbußen. Die Armee erklärte, sie habe ihren beiden
Generälen einen brieflichen Verweis erteilt.
In einer sechsmonatigen Untersuchung wurden vom Büro
des Generalinspekteurs die Kosten von ungefähr fünf-
zehntausend verschiedenen militärischen Ersatzteilen
überprüft. Dabei stellte sich heraus, daß die Kosten für
zwei Drittel der Posten zwischen 1980 und 1982 um fünfzig Prozent gestiegen waren, für viertausend Posten gar
um mehr als 500 Prozent.

In einer kürzlich durchgeführten Luftwaffenstudie über die Preisexplosion bei den Ersatzteilen kam man zu dem Schluß, daß die Bestandsliste bald um vier Milliarden Dollar hinter der aktuellen Preisentwicklung zurückbleiben werde.

Nach einem häufig von der Marine und der Luftwaffe verwendeten Normvertrag sind zwischen Bestell- und Lieferdatum eines Ersatzteils Preiserhöhungen zulässig. So wurde beispielsweise eine Rohrverbindung, die man für 117,26 Dollar bestellte, von Pratt & Whitney schließlich für 1308,08 Dollar geliefert, was eine Kostensteigerung von 1016 Prozent bedeutet.

Im Bericht des Generalinspekteurs wird erklärt, daß in vielen Fällen die Lieferfirma nicht die Herstellerfirma ist. Weiter heißt es: «Der Endpreis enthält Pauschalaufschläge und andere kostentreibende Faktoren, die man sich ersparen könnte, wenn man direkt beim Hersteller kaufen würde.» Diese Aufschläge sind für einen Großteil der 1,8 Milliarden Dollar verantwortlich, die 1981 für Ersatzteile ausgegeben wurden. Ein Bolzen, der im Einzelhandel für 67 Cents verkauft wird, kostet das Militär 17,59 Dollar, und ein Stecker für 2,83 Dollar kostet 57,52 Dollar.

Hunderttausende von ehemaligen Militärangehörigen beziehen Pensionen, während sie gleichzeitig in anderen Berufen tätig sind. Nach zwanzig Jahren Militärdienst steht dem ehemaligen Armeeangehörigen eine Pension von 50 Prozent ihres letzten Solds zu. Die steigenden Lebenskosten eingerechnet, erwartet man für das Jahr 2000 jährliche Pensionskosten von 28 Milliarden Dollar.

Vor drei Jahrzehnten wurden zwei militärische Kommissionen gegründet, um die Amerikaner vor den Nazis zu beschützen. Die Kommissionen, mit einem gemeinsamen Haushalt von 30000 Dollar pro Jahr, kommen noch immer regelmäßig zusammen. Oberstleutnant John Child erklärt, daß das Geld für Gehälter und Veranstaltungen aufgewendet wird: «Wir haben keine formellen Sitzungen mehr. Die Kommissionsmitglieder treffen sich zu geselligen Veranstaltungen.»

Eine Revision der Beratungsausgaben des Verteidigungsministeriums in Höhe von vier Milliarden Dollar durch das allgemeine Rechnungsbüro ergab, daß mehr als fünfzig Prozent an ehemalige Mitarbeiter des Verteidigungsministeriums gezahlt wurden. Vierzig Prozent der Beratungsverträge waren unaufgefordert zustande gekommen.

Darius King, ein Teilnehmer des Krieges von 1812, wurde 1814 aus der Armee entlassen. 1869, Anfang siebzig, nahm er eine neunzehnjährige Braut. Er starb achtzehn Jahre nach seiner Hochzeit. Mrs. King bezog von der Armee ihre Witwenpension, bis sie 1938 im Alter von neunundachtzig Jahren starb. Darius King hatte vierundfünfzig Tage in der Armee gedient, seine Pension jedoch wurde 124 Jahre gezahlt.

Der ehemalige Abgeordnete Otis Pike aus New York brachte einen kleinen Stahlstab in den Sitzungssaal des Repräsentantenhauses mit. «Im Herstellerkatalog», erklärte Pike, «wird dieser Stab als ‹Präzisionsstiel› ausgewiesen. Dieses Mal, so scheint es, bekommen die amerikanischen Steuerzahler einen reelen Gegenwert für ihr Geld.» Daraufhin erklärte er, daß der 50-Cent-Stab in seiner Hand den Steuerzahler 25,55 Dollar koste.

Eine alte Redensart lautet: «Es gibt drei Arten, eine Sache zu machen – die richtige Art, die falsche Art und die militärische Art.» Armee, Marine und Luftwaffe können noch immer nicht so verfahren, wie es alle Welt sonst tut. Sie können nicht hingehen und irgend etwas kaufen, was sie brauchen, auch wenn es zum normalen Angebot des örtlichen Supermarktes oder Eisenwarengeschäfts gehört. Zuerst müssen komplizierte «militärische Bedarfsbeschreibungen» angefertigt werden. Vierundzwanzig Seiten sind erforderlich für T-Shirts, fünfzehn Seiten für Kaugummi und siebzehn für Worcestershire-Soße. Die Beschreibungen für einen interdentalen Holzstimulator (Zahnstocher), eine Schraubenmutter oder einen Bolzen und die erforderlichen Codenummern werden als ein Grund für den hohen Preis genannt. Das Magazin *Time* berichtete:

«Der Ingenieur Ralph Applegate wurde vor sechs Jahren vom Verteidigungsministerium entlassen, weil er enthüllte, daß das Ministerium 1 130 Dollar für einen Kolbenring zahlte, den der zivile Käufer für ganze 100 Dollar bekam. Noch immer sucht man nach einer Erklärung dafür, daß die Marine für eine Couch in der Offiziersmesse eines Zerstörers 18 000 Dollar ausgegeben hat. Auf die Frage, durch welche Besonderheiten die Couch so teuer sei, erwiderte ein Admiral, die Offiziere würden sie ‹lange benutzen›.»

Die Luftwaffe mußte einundsiebzig Aluminiumleitern von drei Meter Länge kaufen, mit deren Hilfe die Piloten in das A-10-Flugzeug klettern sollten. Das Stück kostete 1 676 Dollar. In den meisten Metallwarengeschäften kostet eine Leiter dieser Art weniger als 100 Dollar.

Steward Storm, ein ehemaliger Marineoffizier, der jetzt
für die Regierung in Washington arbeitet, untersuchte die
enormen Preisunterschiede für ganz normale Waren im
militärischen und im zivilen Sektor. Er stellte fest, daß der
militärische Benutzer eines Produkts gewöhnlich keine
Vorstellung von seinen Kosten hat, weil Käufer und Benutzer in verschiedenen Abteilungen sitzen. Dank dieser
Situation konnte beispielsweise die Sperry Corporation
der Navy 110 Dollar für eine Diode abknöpfen, die man
im Großhandel für vier Cent bekommt. Zum Beispiel ging
Storm in ein Radiogeschäft und kaufte eine Zehnerpak-
kung der 110-Dollar-Dioden für 99 Cent.

Die Marine wollte 1366 neue F/A-18-Hornet-Flugzeuge
für insgesamt 41 Milliarden Dollar oder 30 Millionen Dollar pro Stück bestellen – für das Dreifache des ursprünglich veranschlagten Preises. In Testflügen verbrauchte die
Maschine ihren Brennstoff so rasch, daß man von einem
Aktionsradius von höchstens 600 Kilometern ausgehen
kann. Die Flugzeugträger müßten also näher an feindliche
Küsten heran, als wünschenswert ist. Andere Tests haben
neben weiteren Unzulänglichkeiten gezeigt, daß das Luft-
Boden-Radar «sehr ungenau» ist. Die Marine erwägt nun,
ihren Auftrag zu stornieren – was die Kosten des einzelnen
Flugzeugs noch weiter in die Höhe treiben würde – und
anstelle der abgelehnten Hornets die noch teureren Tom-
cats zu einem Stückpreis von 44,3 Millionen Dollar zu
kaufen.

1952 Rußland gibt 34 Milliarden Dollar für die Rüstung aus,
Amerika 43 Milliarden Dollar

1960 Rußland gibt 33 Milliarden aus
Amerika 45 Milliarden

1965 Rußland 45 Milliarden
Amerika 52 Milliarden

1970 Rußland 63 Milliarden
Amerika 78 Milliarden

1980 Rußland erhöht den Einsatz auf über 100 Milliarden
Amerika bemerkt das und geht mit 126 Milliarden darüber

Präsident Reagan beantragt im Kongreß für 1984 einen
Verteidigungshaushalt von 274 Milliarden Dollar und
schlug einen Fünfjahresplan vor, der Militärausgaben in
Höhe von 2 Billionen Dollar vorsieht.

«Den Rüstungswettlauf mit den Sowjets können wir
nur gewinnen, wenn sie zuerst pleite gehen.»
– ART BUCHWALD

Sachen

Auch Waffen und anderes militärisches Gerät zeigen die
Tendenz, Stufen der Unfähigkeit zu erreichen. Es wird berichtet, daß 1628 das größte Kriegsschiff seiner Zeit, die
Wasa, in Schweden vom Stapel lief. Nicht nur am größten
war sie, sie war auch am besten bestückt: vierundsechzig
Kanonen auf zwei Decks. Gleich nach dem Stapellauf ist
sie infolge Topplastigkeit gesunken.

1870 gewann Deutschland die Sedanschlacht gegen die
Franzosen dank der Überlegenheit seiner Stahlrohrge-
schütze, die von Alfred Krupp hergestellt worden waren.
Die Franzosen verwendeten Bronzekanonen. Vor dem
Krieg hatte sich Krupp häufig um Aufträge der französi-
schen Armee bemüht. Auf alle seine Briefe setzten die zu-
ständigen französischen Offiziere den Vermerk «ohne
Belang».

Ein spektakulärer englischer Beitrag zur Waffenunfähig-
keit war im Zweiten Weltkrieg die Handgranate Nr. 74
(ST), die den Spitznamen «sticky bomb», Klebebombe,
trug. Sie hatte drei charakteristische Eigenschaften: 1.
einen Haftüberzug, dank dessen sie an einem feindlichen
Panzer kleben bleiben konnte – leider aber auch an der
Hand des Werfers. 2. Ihr Gewicht von viereinhalb Pfund
machte es für den Soldaten außerordentlich schwer, sie so
weit zu werfen, daß seine eigene Sicherheit gewährleistet
war. 3. Die Sicherheitsfrist von fünf Sekunden reichte –
auch wenn der seltene Fall eintrat, daß die Granate den
Panzer traf und an ihm haften blieb – für den Soldaten
kaum aus, um in Deckung zu gehen.

Der Gouverneur des Staates Utah, Scott M. Matheson,
protestierte gegen die Lagerung von Nervengas – in einer
Menge, die ausreicht, um die Weltbevölkerung zweiund-
vierzigmal umzubringen – im Tooele Armeedepot nur
fünfundvierzig Kilometer von Salt Lake City entfernt.
Das Gas wird in «Beton-Iglus» an einer erdbebenaktiven
geologischen Falte gelagert. 1972 erklärte sich das Verteidigungsministerium bereit, das Gas zu neutralisieren,
doch offensichtlich ist bisher nichts geschehen. Man
scheint sogar zu planen, weiteres Gas in großen Mengen

anzuliefern. Dieses Gas wirkt so vernichtend, daß eine Patrone das Leben auf Tausenden von Quadratkilometern auslöschen kann. Es ist unsichtbar, geruch- und geschmackslos und tötet innerhalb von vierzehn Sekunden. Ein Gegengift ist nicht bekannt.

Der 2,7 Millionen Dollar teure M-1 Panzer hat auf den ersten 6000 Kilometern eine 63prozentige Wahrscheinlichkeit des Motorenschadens. Die Panzerketten halten nur 2000 Kilometer, und das Fahrzeug braucht 1,34 Wartungsstunden je 1 Einsatzstunde. Als dem Chrysler-Unternehmen mitgeteilt wurde, die Armee erwäge, den Auftrag einem anderen Hersteller zu geben, erklärte ein Sprecher des Unternehmens: «Chrysler hat ein technisch vollkommenes und neuartiges Kampfgerät entwickelt.»

General Charles F. Kuyk erklärte gegenüber dem *Wall Street Journal*, daß er mit dem Transportflugzeug C-5 A sehr zufrieden sei. Mit einer kleinen Einschränkung: «Nur daß die Tragflächen nach 8000 Flugstunden abfallen, ist ein Problem.»

Im Zweiten Weltkrieg gaben die Vereinigten Staaten 2 Millionen Dollar für die Entwicklung von Fledermausbomben aus. Der Plan, ein genialer Einfall des Kieferchirurgen Lytle S. Adams aus Pennsylvania, sah vor, Zeitbomben chirurgisch mit Fledermäusen zu koppeln. Die Fledermäuse sollten von einem Flugzeug über Japan abgeworfen werden. Man nahm an, daß sie unter Dachtraufen Zuflucht suchen, explodieren und die betreffenden Häuser in Brand setzen würden. Im März 1944 sollte die Produktion von einer Million Fledermausbomben in Angriff genommen werden. Der Kommandant der Marinestreitkräfte

stoppte das Programm, weil das Verhalten der freigelasse-
nen Fledermäuse «ungewiß» sei.

Die Marine opferte vier Jahre und 375 000 Dollar, um die
militärischen Anwendungsmöglichkeiten der Frisbee-
Scheibe zu erproben. Die Wissenschaftler des Marineluft-
kommandos versuchten ein «in die Luft zu schleuderndes
Beleuchtungssystem mittels einer gyroskopisch stabili-
sierten Scheibe» herzustellen. Der Plan mußte fallengelassen werden, als die Marine entdeckte, daß Frisbee-Schei-
ben nicht immer dorthin fliegen, wohin man sie haben
möchte.

Die Armee brauchte einen geländegängigen Lastwagen.
Ling-Temco-Vought, eine Vertragsfirma der Raumfahrt-
behörde, entwickelte einen Plan, der der Armee zusagte —
den Gamma Goat, ein kleines amphibisches Fahrzeug, das
an einem Fallschirm vom Flugzeug abgeworfen werden
kann.

In der Entwicklungszeit stiegen die Kosten für den
Goat von 69 Millionen Dollar auf 439 Millionen Dollar,
und das ursprünglich in Jeepgröße geplante Fahrzeug entwickelte sich zu einem 7,5-Tonnen-Ungetüm. Drei Jahre
nach dem ursprünglich angesetzten Datum war es fertig.
Brigadegeneral Vincent Ellis, für die Materialbeschaffung
der Armee zuständig, erklärte, er sei mit dem Ergebnis
sehr zufrieden.

Senator William Proxmire, der einem Parlamentsaus-
schuß zur Überprüfung von Kostenüberziehungen vor-
sitzt, teilte General Ellis unter anderem mit: «Sie haben
das Entwicklungsprogramm mit dreijähriger Verspätung
abgeschlossen. Sie haben einen Lastwagen, der dreimal so
schwer ist wie ursprünglich angenommen, ohne eine hö-

here Nutzlast befördern zu können, und Sie haben einen Preis, der doppelt so hoch liegt wie der Kostenvoranschlag. Mir scheint, Sie sind sehr leicht zufriedenzustellen.»

Elmer Staats, ein Armeerechnungsprüfer im Generalsrang, nannte den Gamma Goat ein schönes Beispiel dafür, was passiert, wenn man etwas kauft, ohne eigentlich zu wissen, was man haben möchte.

Im deutsch-französischen Krieg von 1870/71 wurde die neue Waffe – die Mitrailleuse oder das Maschinengewehr – mit solcher Geheimniskrämerei umgeben, daß man noch nicht einmal eine Bedienungsanleitung herausgab.

1917 baute die englische Kriegsmarine eine Anzahl von K-Booten, von denen sie sich den Sieg erhoffte. Die dampfgetriebenen U-Boote bewährten sich nicht halb so gut wie erhofft. Nr. 2 fing bei seiner ersten Tauchfahrt Feuer. Nr. 3 sank mit dem Prinzen von Wales an Bord. Es wurde geborgen, dann aber von Nr. 6 gerammt und versenkt. Nr. 4 lief auf Grund. Nr. 5 sank mit Mann und Maus. Nr. 7 rammte Nr. 17 und wurde verschrottet. Nr. 14 bekam ein Leck, als es noch im Dock lag, wurde später von Nr. 22 gerammt und sank. Bei der Jungfernfahrt rammte Nr. 17 einen Kreuzer und sank. Nr. 22 wurde von einem Begleitschiff gerammt. Das Projekt wurde 1918 aufgegeben.

Zu Beginn des Zweiten Weltkriegs entwickelten die Russen einen genialen Plan, um deutsche Panzer zu zerstören. Die gelehrigen Schüler Pawlows brachten Hunde dazu, Futter mit Panzerböden zu assoziieren. Diese Hunde

würden, so ihre scharfsinnige Schlußfolgerung, unter die
angreifenden Panzer laufen und sie mittels einer Bombe
zerstören, die man ihnen auf den Rücken gebunden hatte.
Was die Planer nicht bedacht hatten: Die Hunde assoziier-
ten Futter nur mit russischen Panzern. Die sowjetischen
Panzer mußten ihr Heil in der Flucht suchen, als die bom-
bentragenden Hunde auf sie zugerannt kamen.

Auszug aus den Armeevorschriften 135–300: «Zelt-
pflöcke ... sind orangefarben zu streichen. Anhand der
leuchtenden Farbe lassen sich die Pflöcke leicht ausma-
chen ... Wenn hell-orangefarbene Pflöcke verwendet werden, müssen sie ganz in den Erdboden getrieben werden,
so daß sie nicht mehr zu sehen sind.»

Um das Gewicht der supermodernen Radarausrüstungen,
Raketenbestückung und computergesteuerten Gefechts-
zentralen auszugleichen, baute die Kriegsmarine Schiffe
mit Aluminiumaufbauten, wodurch gegenüber den her-
kömmlichen Stahlaufbauten das Gewicht um 5 Prozent
und die Kosten um 2 Prozent vermindert werden konnten. Leider brennt Aluminium. 1975 kollidierte der amerikanische Kreuzer *Belknap* mit dem Flugzeugträger *John F.
Kennedy*. Die *Belknap* brannte bis auf die Schanzdeckel
nieder, und ihre Reparaturarbeiten dauerten mehr als vier
Jahre.

Nach einem Bericht des Rechnungshofes hat die Armee
die Pershing II-Raketen nur dadurch ins Ziel gebracht,
«daß sie die Zielgebiete veränderte, indem sie Alumi-
niumreflektoren in einem bestimmten geometrischen Mu-
ster anbrachte, so daß das Ziel ein klar erkennbares Radar-
bild erkennen ließ».

Die Armee will in den nächsten Jahren 13,4 Milliarden
Dollar für den Kauf von 6882 Bradley-Kampffahrzeugen
ausgeben, obwohl jedes dieser Fahrzeuge durch eine
M-42-Granate für 2 Dollar außer Gefecht gesetzt werden
kann. Der Aluminiumpanzer verwandelt sich in einen
Feuerball, wenn er von einer Rakete getroffen wird.

1970 lehnte die Armee einem ersten Entwurf des Pan-
zers ab, weil er ihr mit einem Stückpreis von 151 000 Dollar zu teuer war. Doch 1977 wurde der Bradley für einen
Preis pro Panzer von 338 000 Dollar in Auftrag gegeben.
1982 hatte sich der Stückpreis auf 1,94 Millionen Dollar
erhöht.

Der Panzer ist mit einem fünfhundert-PS-Dieselmotor
ausgerüstet, der mit einem Liter Treibstoff siebenhundert
Meter weit kommt. Der Platz des Fahrers ist so angebracht, daß diesem bei einer Rechtskurve die Sicht genommen ist. Als das Fahrzeug 1980 in Fort Knox vorgeführt
wurde, erwiesen sich die Schwimmtanks als unzurei-
chend, so daß der Panzer mitten im Ohio River versank.
Die Raketenabschußvorrichtung weist eine Ladezeit von
zweieinhalb Minuten auf. Der Panzer ist drei Meter hoch,
so daß er auf dem Schlachtfeld ein ideales Ziel bietet. Er
muß teilweise auseinandergenommen werden, damit er in
das Standardtransportflugzeug C-141 hineinpaßt, und er
muß vollständig anhalten, um seine Panzerabwehrrakete
abfeuern zu können.

1980 hat ein Computerchip von Pfenniggröße Amerika
zweimal in höchste nukleare Alarmbereitschaft versetzt.
Innerhalb des drei Minuten währenden Alarms war bereits
ein unbewaffnetes Kommando- und Kontrollflugzeug
aufgestiegen, bevor man bemerkte, daß keine Raketen auf
Amerika zusteuerten. Die Techniker des Pentagons er-

setzten den fehlerhaften Chip im Werte von 46 Cents, der
die Fehlinformation aus einem Computer unterhalb der
Cheyenne Mountains in Colorado an die Kommandozen-
tralen überall im Lande weitergegeben hatte.

Ein anderer falscher Alarm dauerte ungefähr sechs Minuten, als derselbe Computer die Informationen über
einen simulierten Atomangriff in die falschen Kanäle spei-
ste.

> «Die Grundprobleme, vor denen die Welt heute steht,
> lassen sich militärisch nicht lösen.»
> – JOHN F. KENNEDY

8
Abkürzungen

«Doch fürchtet Euch nicht vor Größe: Manche
werden groß geboren, manche erwerben Größe,
und manchen wird Größe aufgezwungen.»
– WILLIAM SHAKESPEARE

Und manche werden unfähig geboren, manche erwerben
Unfähigkeit, und manchen wird Unfähigkeit aufgezwungen. Cal Luss, der Metallurg bei Akme Blei und Zinn war
sogar schon unfähig, bevor er geboren wurde, doch das
zeigte sich erst bei seiner Geburt. Mr. und Mrs. Luss hatten sich ein Mädchen gewünscht. Cals lebenslange
Schwierigkeiten im Umgang mit Menschen begannen damit, daß er seine Eltern nicht zufriedenstellen konnte, weil
er das falsche Geschlecht hatte.

COROLLARIUM 17: Unfähigkeit kennt keine zeitlichen
und räumlichen Grenzen.

Es lassen sich viele angeborene Defizite denken, die letztlich zu Unfähigkeit führen. Stu Pidd, der Vorarbeiter bei
Akme, war wahrscheinlich mit einer angeborenen Be-
schränkung seiner geistigen Fähigkeiten geschlagen, so
daß man auch hier sagen könnte, daß ihm seine Unfähigkeit von Geburt an vorherbestimmt war.

«Die Welt der Zukunft wird einen immer anstrengen-
deren Kampf gegen die Grenzen unserer Intelligenz
bringen.»
– NORBERT WIENER

Hy Sterik, der begabte Künstler, der seine Stufe der Unfähigkeit als Werbechef bei Akme fand, ist ein typisches Beispiel für die Menschen, die zu ihrer Stufe der Unfähigkeit
aufsteigen. Er war ein brillanter Student an der Kunst-
hochschule, ein begabter freischaffender Künstler und ein
fähiger Gebrauchsgraphiker bei der Hartzinn-Stimmgabel
GmbH. Nur dank seiner Begabung konnte er als Verwaltungsmann Unfähigkeit erwerben.

> «Es ist deutlich zu erkennen, daß die Leistung von
> heute die Verwirrung von morgen ist.»
> – WILLIAM DEAN HOWELLS

Jerry Attrick war ein kompetenter Manager bei Akme Gewichte und Senkbleie, als der Vorstand auf Expansions-
kurs ging. Es war nicht Jerrys Wille, sich mit dem Zinn-
gabelgeschäft zu belasten und sich damit eine Aufgabe auf-
zuhalsen, an der er scheiterte. So darf man mit Fug und
Recht sagen, daß ihm die Unfähigkeit aufgezwungen
wurde.

> «Sie müssen wissen, daß ich das Ergebnis von Kräften
> bin, die sich meiner Kontrolle entziehen.»
> – A. R. AMMONS

Es gibt Lebensbereiche, in denen der Mensch auf Anhieb
des Erfolgs oder Mißerfolgs teilhaftig werden kann, ohne
die Leiter bis zu seiner beruflichen Erfüllung Sprosse um
Sprosse erklimmen zu müssen. Wer ein unvorhersehbares
Ereignis verblüffend genau vorhersagt, wird sofort als me-
dial veranlagter Wahrsager oder Hellseher gepriesen. Man
kann in der Unterhaltungsbranche ein völlig unbeschriebenes Blatt sein und trotzdem mit *einem* Hit oder *einer*

erfolgreichen Rolle über Nacht zu einem hochbezahlten
Star werden. Wer in der Bundesliga ein paar Tore schießt,
braucht nicht lange auf Ruhm und Reichtum zu warten.

Wahrsager und Wahrheitssager

Manche Ereignisse lassen sich leicht vorhersagen. Zum
Beispiel: «Du wirst in Jahresfrist nach deinem letzten Ge-
burtstag sterben.» Doch einige Hellseher nehmen freiwillig das Risiko auf sich, Ereignisse vorherzusagen, die nicht
zwangsläufig eintreten müssen.

> «Wahrsagen ist äußerst schwierig – besonders wenn es
> um die Zukunft geht. Wer von dem Blick in die Kri-
> stallkugel lebt, blickt bald nicht mehr durch.»
>   – EDGAR FIEDLER

1878 gab das englische Parlament eine Untersuchung der
elektrischen Glühlampe von Thomas A. Edison in Auftrag. Der Bericht schloß mit den Worten: «Edisons Ideen
mögen für unsere überseeischen Freunde gut genug sein,
sie verdienen aber nicht die Aufmerksamkeit praktischer
oder wissenschaftlicher Männer.»

> Lieutenant Joseph Ives vom Topologischen Corps der
> amerikanischen Armee erklärte 1861: «Der Grand Ca-
> nyon ... ist natürlich gänzlich wertlos. Wir sind die
> erste und wahrscheinlich die letzte Gruppe von Wei-
> ßen, die diesen unergiebigen Ort besucht.»

> Der Remington Arms Company wurde 1897 von der
> Wagner Typewriting Machine Company das Patent
> der Schreibmaschine angeboten. Remington kaufte die

Maschine nicht, weil «keine mechanische Maschine
einen zuverlässigen und ehrlichen Schreiber ersetzen
kann». Underwood übernahm die Wagner Company
und verkaufte in den folgenden fünfzig Jahren mehr als
12 Millionen Schreibmaschinen.

Der hervorragende Schriftsteller H. G. Wells erreichte
seine Stufe der Unfähigkeit als Seher im Jahre 1902. «Ich
muß gestehen», erklärte er, «daß ich mir beim besten Willen nicht vorstellen kann, wie ein Unterseeboot mehr zu
leisten vermag, als seine Besatzung elendig zu ersticken
und selber im Meer zu versinken.»

1912 wandte sich der englische Chemiker Samuel Courtauld an den Präsidenten von Lister & Co., einer Weberei
in Yorkshire. Courtauld bot Lister die Formel für eine
Kunstseide an. Lister erklärte öffentlich: «Das wird sich
niemals durchsetzen – die Kunden werden niemals künst-
liche Seide akzeptieren.»

1930 stellte Konteradmiral Clark Woodward von der amerikanischen Kriegsmarine fest: «Was das Versenken eines
Schiffes mittels einer Bombe anbelangt, so ist das schlicht
und einfach nicht möglich.»

Am 22. Juli 1832 bewarb sich ein gewisser Giuseppe Verdi
um einen Studienplatz am königlich-kaiserlichen Konser-
vatorium in Mailand. Der Direktor des Instituts, Maestro
Francesco Basily, lehnte den Jungen wegen «sicher zu er-
wartender Mittelmäßigkeit» ab.

1874 las sich ein vehementer Angriff auf Paul Cézanne wie
folgt: «Monsieur Cézanne muß unter irgendeiner Art von

Irrsinn leiden, vom Delirium tremens heimgesucht sein, wenn er malt.»

Zwanzig Jahre später, als er mit anderen von der französischen Regierung geehrt wurde, schrieb ein Kritiker: «Wenn ein solcher Dreck öffentlich geehrt wird, so zeigt das nur, welch ein Maß von moralischer Verderbtheit in unserem Gemeinwesen herrscht.»

Ein Französischlehrer am Lycée d'Aix gab einem seiner Schüler eine Fünf im Aufsatz und in französischer Literatur. Der Name des Schülers war Emile Zola.

Der Erzbischof Hieronymus, Graf Colloredo von Salzburg, hörte Mozarts erste große Oper *Idomeneo* und entließ ihn aus seinem Hofamt mit der Begründung, er sei unfähig.

Nach der Uraufführung der *Hochzeit des Figaro* in Wien 1786 äußerte Kaiser Joseph II. folgende kritischen Worte: «Viel zu laut, mein lieber Mozart, viel zu viele Töne.»

Der Musikkritiker Philip Hale aus Boston schrieb 1837: «Wenn Beethovens siebte Symphonie nicht erheblich gestrafft wird, wird sie bald in Vergessenheit geraten.»

Rembrandt starb 1669 in Armut und völliger Vergessenheit. Zwei Jahrhunderte später äußerte John Ruskin, Englands namhaftester Kunstkritiker, weitgehend die gleiche Auffassung wie des Malers Zeitgenossen: «Alle Farben sind falsch ... Derbheit, Langweiligkeit und Pietätlosigkeit drücken sich in der Malerei stets in diesen für Rembrandt typischen Braun- und Grautönen aus. Das Bestreben der besten Maler ist es, die edelsten Dinge darzustellen, die sie im Licht der Sonne wahrzunehmen vermögen. Rembrandts Bestreben war es, die gemeinsten Dinge, derer er ansichtig werden konnte, im Zwielicht abzubilden.»

«In der Menschendarstellung ist Rembrandt nicht mit unserem gottbegnadeten englischen Maler Mr. Rippingille zu vergleichen.» – JOHN HUNT (1775–1848)

«Wir halten dieses Schiff für unsinkbar», erklärte der Vizepräsident der White Star Line und meinte die *Titanic*. Kapitän E. J. Smith stieß in dasselbe Horn: «Ich kann mir keine Situation vorstellen, der dieses Schiff nicht gewachsen wäre. Ein lebensgefährlicher Unfall ist einfach nicht denkbar. Dank der modernen Schiffbautechnik gehört so etwas der Vergangenheit an.»

Als die *Titanic* Funksprüche empfing, die vor Eisbergen auf den Schiffahrtsrouten warnten, behielt Kapitän Smith in der Hoffnung auf eine neue Rekordzeit ungerührt die Höchstgeschwindigkeit bei.

Da das Schiff mit wasserdichten Schotten ausgerüstet war, diente die kleine Zahl von Rettungsbooten eher dazu, den Schein zu wahren. Als die *Titanic* längsseits mit einem Eisberg kollidierte, wurden zu viele Schotten aufgerissen. Verzweifelte SOS-Rufe wurden von einem Schiff in der Nähe der Unfallstelle nicht gehört, weil der Funker nach einer Doppelschicht sein Funkgerät ausgeschaltet hatte, um ein bißchen Schlaf zu bekommen. Nur 705 der 2208 Passagiere und Besatzungsmitglieder, die sich an Bord der *Titanic* befanden, überlebten die Katastrophe des Jahres 1912.

Die Stadtväter vom Pompeji wurden von den Sibyllen, den Propheten der Römer, gedrängt, ihre Stadt zu evakuieren. Die Stadtväter beschlossen, die Bürger zu warnen und zu bleiben. Die Sibyllen flohen. Am folgenden Tag begrub der Vesuv Pompeji unter einer drei Meter hohen Schicht von Vulkanasche.

Der Tabakfabrikant John Player schlug E. G. Alton, dem Präsidenten von E. G. Alton & Co., eine Partnerschaft vor. Player wollte feingeschnittenen Tabak in Papier eingerollt verkaufen. Der Zigarrenhersteller lehnte ab und erklärte: «Ihre Zigaretten werden sich nie durchsetzen.»

Brian Epstein spielte Dick Rose, einem Plattenproduzenten bei Decca, im Jahre 1962 ein Demonstrationsband der Gruppe vor, die er gerade managte. Rose hörte sich die Aufzeichnungen an, lehnte es aber ab, die Gruppe unter Vertrag zu nehmen. «Gruppen mit Gitarrenbesetzung sind nicht mehr gefragt», sagte er. Mit ebenso wenig Erfolg wurden die Beatles Columbia Records, Pye und HMV angeboten. Später kam die Gruppe bei EMI unter und verkaufte innerhalb von sechs Jahren 100 Millionen Langspielplatten und 100 Millionen Singles dieser Firma.

Albert Einstein, der von der Technischen Hochschule München abgelehnt wurde, weil «er zu keinen Hoffnungen Anlaß» gab, formulierte die Relativitätstheorie in der Freizeit, die ihm seinen Inspektorenposten beim Schweizer Patentamt in Bern ließ.

Die englische Gesellschaft für parapsychologische Forschung führte in den neunziger Jahren des vorigen Jahrhunderts an der Universität Cambridge Tests zur außersinnlichen Wahrnehmung (ASW) durch. Alle Tests waren negativ ausgegangen, als sich zwei junge Männer meldeten

– Smith und Blackburn mit Namen – und erklärten, sich
mittels Gehirnwellem verständigen zu können. Smith
wurden die Augen verbunden, die Ohren verstopft und
der Leib mit dicken Tüchern verhängt. Trotzdem konnte
er Wörter und sogar Bilder reproduzieren, die ihm von
Blackburn übermittelt wurden. Die Experimente wurden
überall als eindeutiger Beweis für ASW veröffentlicht.

Zwanzig Jahre später enthüllte Blackburn, wie Smith
und er die Experten zum Narren gehalten hatten. Blackburn hatte Smith mit einer Fingerfertigkeit, um die ihn
jeder Zauberkünstler beneidet hätte, kleine Stückchen Zi-
garettenpapier zugespielt. Smith betrachtete sie mit Hilfe
eines Leuchtsteins, den er in seiner Jacke verborgen hatte.
Blackburn erläuterte, er habe das Schelmenstück ersonnen, um zu beweisen, daß man Wissenschaftlern alles vor-
machen könne, wenn sie nur recht glauben wollten.

Edgar Cayces berühmtester Blick in die Zukunft war die
Voraussage, daß Kalifornien abbrechen und im Meer versinken würde. Obwohl er sich nie auf ein Datum festlegte,
erklärten seine Jünger, es werde im April 1969 geschehen.
Dann wurde das Ereignis auf 1975 verschoben und
schließlich auf 1982.

Christopher Columbus verschlug es, bar aller Vorräte,
an die Küste Jamaikas. Er wußte, daß es am folgenden Tag,
dem ersten März des Jahres 1504, eine Mondfinsternis geben würde. So teilte er dem Stammeshäuptling mit:«Der
Gott, der mich beschützt, wird euch strafen. Noch heute
nacht wird seine Rache euch heimsuchen. Der Mond wird
seine Farbe verändern und sein Licht verlieren zum Zeugnis all der Übel, die der Himmel euch schicken wird.»

Als die Mondfinsternis den Himmel verdunkelte, bekam Columbus alle Vorräte, die er brauchte.

Anfang des 20. Jahrhunderts versuchte ein Engländer den gleichen Trick bei einem sudanesischen Häuptling. «Wenn ihr meinen Befehlen nicht gehorcht», warnte ihn der Offizier, «dann bringe ich einen großen Zauber über euch und beiße ein großes Stück aus dem Mond.»

«Wenn Sie von der bevorstehenden Mondfinsternis sprechen», erwiderte der Häuptling, «so wird sie nicht vor übermorgen eintreten.»

No Business Like Show Business

Die Beispiele für militärische, politische und wirtschaftliche Unfähigkeit verdienen unsere Aufmerksamkeit, weil die Verantwortlichen es ernst meinten oder meinen. Im Showgeschäft haben die Unfähigkeitskriterien umgekehrte Vorzeichen. Die höchste Unfähigkeit ist erreicht, wenn der Unterhaltungskünstler vom Publikum aus den falschen Gründen als unterhaltsam empfunden wird. Oft sind in die Katastrophen, Pannen und Zwischenfälle Künstler verwickelt, die sonst sehr fähig sind.

Der Höhepunkt der Nummer von Janos, des unglaublichen Gummimenschen, war der Augenblick, da er seine Beine hinter seinem Kopf verschränkte und auf der Bühne umherrollte. Im August 1978 konnte Janos nach seinem Auftritt im Roberts Brother Zirkus im englischen Southend seine Beine nicht mehr entflechten. Hilflos saß er wie eine menschliche Bretzel auf der Bühne, bis ein Zirkusangestellter ihn in einen Lieferwagen tragen ließ und ins Krankenhaus fuhr. Die Ärzte brauchten eine halbe Stunde, um den Artisten zu entknoten. Sie ordneten an, Janos müsse eine Woche flach auf dem Rücken liegen.

Viele Unterhaltungskünstler haben Inkompetenzbereiche, die nichts mit ihrem eigentlichen Betätigungsfeld zu tun haben.

Ein persönliches Problem und eine öffentliche Darbietung fielen zusammen, als der große französische Komödiendichter Molière von einer tödlichen Krankheit ereilt wurde, während er die Rolle des Hypochonders in seiner Komödie *Der eingebildete Kranke* spielte.

Bela Lugosi, der die Titelrolle in *Dracula* und anderen Horrorfilmen gespielt hat, wurde beim Anblick seines eigenen Blutes ohnmächtig.

1976 spielte der Romancier Truman Capote eine Rolle in dem geheimnistuerischen Schinken *Murder by Death*. Vollmundig tönte Capote gegenüber der Zeitschrift *People*: «Was der *Dom Perignon* unter den Champagnermarken ist, bin ich unter den Schauspielern.» Doch seine schauspielerischen Fähigkeiten glichen wohl eher schaler Limonade. John Simon schrieb in der Zeitschrift *New York*: «Bisher meinte ich, daß in der Zunft der ‹Schauspieler› niemand Zsa Zsa Gabor das Wasser reichen könne, was die Unfähigkeit anbelangt, sich selbst auf der Leinwand darzustellen. Doch jetzt macht ihr Capote diesen traurigen Ruhm streitig.»

Aus manchen Schauspielern wurden erfolgreiche Regisseure – Richard Attenborough, Woody Allen, Paul Newman –, während andere mit diesem Wechsel weniger Erfolg hatten.

Antony and Cleopatra aus dem Jahre 1971 war Charlton Hestons erster Regieversuch. Außerdem spielte er die Hauptrolle und machte sich als Drehbuchautor verdient – ein Verdienst, das er sich großmütig mit William Shakespeare teilte. Der Film war so schlecht, daß er in den Vereinigten Staaten niemals zur Aufführung kam.

Westernheld John Wayne führte Regie und spielte die Hauptrolle in *The Green Berets*. Der 1968 gedrehte Film war der Versuch einer politischen Stellungnahme zu Vietnam. Die Kritikerin Penelope Gilliatt kommentierte: «Ein Film, den man nur mit der Zange anfassen kann.» Den Höhepunkt des Films bildet die mittlerweile berühmte Szene, in welcher die Sonne im Osten untergeht.

Die mächtigen Produzenten besorgten ihre Filmgeschäfte mit großer Kompetenz. Doch als Hellseher erreichten sie ihre Stufe der Unfähigkeit, wie die folgenden Zitate beweisen:

Louis B. Mayer: «Das Fernsehen ist eine Plage und ein Fluch, und ich möchte nicht, daß einer von unseren Leuten dort arbeitet. Und ganz gewiß werden wir ihm nie einen von unseren Filmen verkaufen.»

Darryl F. Zanuck: «Die Anfangserfolge des Fernsehens werden nicht von Dauer sein. Die Leute werden es bald satt haben, Abend für Abend auf eine Sperrholzschachtel zu starren.»

> «Was wir brauchen, ist eine Geschichte, die mit einem Erdbeben beginnt und dann langsam auf ihren Höhepunkt zusteuert.» — SAM GOLDWYN

Auszeit

Im Sport, wo die Beförderung gewöhnlich vom Gewinnen abhängt, sollte man erwarten, daß nur die Fähigsten an der Spitze anzutreffen sind. Doch im Sport gibt es nicht nur die Aktiven. Da gibt es die Sponsoren, Manager, Mannschaften, Trainer, Fans, Experten und Journalisten, denen allen ein weites Feld für Unfähigkeit offensteht.

Im Sport findet man die abergläubischsten Leute der Welt. Doch was könnte witziger und klüger sein als eine Bemerkung Duffy Daughertys zu diesem Thema? Als Trainer bei Michigan State sagte er: «Mein einziger Aberglaube ist die Überzeugung, daß es Unglück bringt, am Ende des Spiels zurückzuliegen.» Andererseits haben einige Sportreporter einige der schlimmsten Fragen gestellt, die man sich vorstellen kann.

Rod Laver gewann ein Tennisspiel 6–0, 6–0. In der Pressekonferenz im Anschluß an das Spiel wurde Laver gefragt: «Wann kam für Sie die Wende des Spiels?»

Der Leichtatleth Rick Wohlhuter wurde von einem Fernsehreporter gefragt: «Trainieren Sie für die 800 Meter anders als für die 880 Yards?» Die Differenz zwischen den beiden Strecken beträgt fünf Meter.

Yogi Berra, Baseballspieler, Trainer und Manager, sagte: «Wenn die Leute nicht ins Stadion kommen wollen, wird niemand sie daran hindern.»

Auf eine abfällige Äußerung über sein Aussehen erwiderte Berra: «Ich bin häßlich, na und? Ich habe noch nie jemanden gesehen, der den Ball mit seinem Gesicht schlägt.»

Auf die Frage, wie ihm die Schule gefallen habe: «Geschlossen.»

Als ein Bewunderer feststellte, daß Berra jeden Tag einen anderen Pullover trage, und fragte, ob er sie in allen Farben habe, erwiderte er: «Die einzige Farbe, die ich nicht habe, ist Navybraun.»

Als Yogis Frau berichtete, daß sie *Doktor Schiwago* gesehen habe, fragte er: «Und was wolltest du beim Arzt?»

Jerry Coleman, ein ehemaliger Baseballspieler bei den New York Yankees, setzte seine Laufbahn als Sportreporter fort und wurde berühmt für seine Schnitzer:

«Wir sind alle traurig, daß Glen Beckert das Spielfeld verläßt. Ich hoffe, er kommt hier vorbei, daß wir ihn zum Abschied umarmen können. Er gehört zu dieser Sorte.»

«Der junge Frank Pastore hat vielleicht den größten Sieg von 1979 nach Hause gebracht, vielleicht sogar den größten Sieg des Jahres.»

«Da kommt ein flacher Ball ins Mittelfeld. Winfield geht zurück, zurück ... Sein Kopf schlägt gegen die Mauer. Er rollt bis zum zweiten Mal.»

Als Dizzy Dean sich von einer Gehirnerschütterung erholt hatte, die er sich durch einen Balltreffer zugezogen hatte, berichtete er: «Die Ärzte haben meinen Kopf geröntgt und nichts entdeckt.»

Irren ist menschlich

An einem unvergeßlichen Regattatag auf der Themse besiegte Cambridge die Rudermannschaft von Oxford mit dem größten Abstand in den Annalen des Traditionswettkampfes, weil das Rennboot der Oxforder unterging. Die erbittert kämpfenden Verlierer zogen ihre Riemen durchs Wasser, bis sie vollständig untergegangen waren.

Während eines Ringkampfes in Providence, Rhode Island, wurde Stanley Pinto gegen die Seile geworfen und verfing sich in ihnen. In dem verzweifelten Versuch, sich zu befreien, berührte Pinto die Matte zufällig für drei Sekunden mit den Schultern. Der Schiedsrichter erklärte ihn zum Verlierer, während sein Gegner von der anderen Seite des Rings zusah.

In Sioux Falls, South Dakota, zog ein Fliegengewichtler zu Beginn eines Kampfes um den Goldenen Handschuh seinen Bademantel aus und mußte feststellen, daß er seine Boxershorts vergessen hatte. Als der Boxer in die Kabine zurückging, wieherte das Publikum. Er kam zum Kampf zurück, verlor jedoch.

Beim Endspiel um die brasilianische Fußballmeisterschaft erzielte die eine Mannschaft das entscheidende Tor bereits drei Sekunden nach dem Anstoß, weil der Torwart der anderen Mannschaft noch auf der Torlinie kniete und um den Sieg betete.

Ein türkischer Ringer namens Yousouf Ishmaelo trug sein Vermögen bei sich – einen Gürtel voller Goldstücke. Als auf einer Seereise das Schiff zu sinken begann, weigerte sich Ishmaelo, seinen Gürtel abzulegen. Der Ringer wurde von dem Gewicht hinabgezogen und ertrank.

9
Dialektik des Fortschritts

«Die Menschheit ist wie ein Auto voller Menschen, das ohne Licht mit aberwitzigem Tempo und einem vierjährigen Kind am Steuer einen Abhang hinunterjagt. Auf den Wegweisern am Wegrand steht ‹Fortschritt› zu lesen.»
– LORD DUNSANY

Die Geschichte der Erde ist voller Beispiele für Arten von Lebewesen, die aus dem Urschlamm krochen und die Evolutionsleiter hinaufkletterten. Einige haben die Nische vollkommener Anpassung an ihre Umwelt gefunden, andere sind ausgestorben oder fahren in ihrem Bemühen um Weiterentwicklung fort. Wir können die Muschel und den Regenwurm betrachten, sie leben in Frieden und Zufriedenheit mit ihrer Umgebung, unverändert seit Millionen von Jahren. Wir können aber auch die fossilen Überreste des Dinosauriers und des Dodo entdecken, denen es nicht gelang, sich ihren Umwelten anzupassen, und die deshalb ausstarben. So interessant auch Geschöpfe sein mögen, denen die vollkommene Anpassung oder denen überhaupt keine Anpassung gelang, unsere Aufmerksamkeit gilt vor allem den Arten, die sich noch im evolutionären Prozeß befinden.

Von allen Geschöpfen, die in ihrer Auseinandersetzung mit der Welt nach Kompetenz streben, sind die Menschen dank ihrer außerordentlichen Fähigkeit, ihre Umwelt zu verändern, bei weitem am interessantesten. Während sich andere Arten mit einem Nest oder einem Erdbau zufriedengaben, verließen wir unsere Höhle, um Hütten zu bauen, Häuser, Mietskasernen, Wolkenkratzer, Weltreiche

*Die Geschichte der Erde ist voller Beispiele für Arten von
Lebewesen, die aus dem Urschlamm krochen und die
Evolutionsleiter hinaufkletterten*

und besondere Einrichtungen wie Schulen, Krankenhäuser, Ämter und Fabriken. Wir gründeten Dörfer, Städte, Staaten und Länder, doch fanden wir nie eine befriedigende Lösung, weil jedesmal, wenn wir unsere Umwelt veränderten, unsere Umwelt unser Verhalten veränderte, und unser neues Verhalten wieder eine neue Umwelt erforderlich machte.

Unsere ersten Kleidungsstücke waren aus Tierfellen gefertigt. Die Erfindung von Geweben aus Pflanzenfasern und Tierhaar war ein großer Schritt nach vorn, denn dadurch wurde eine größere Vielfalt in Beschaffenheit, Gewicht und Verwendung der Kleidung möglich. Neue Verfahren boten die Möglichkeit, eine Vielzahl von Farben und Mustern in die Stoffe einzuweben, so daß die Entstehung einer Modeindustrie nur noch eine Frage der Zeit war.

Dampfgetriebene Baumwollwebereien und -spinnereien standen am Beginn der industriellen Revolution, die die zivilisierte Welt fortriß und die gesamte Gesellschaftsstruktur umkrempelte. Die Probleme, die die industrielle Revolution für unsere Lebensform, unsere Arbeitsweise und unser Wirtschaftssystem geschaffen hat, sind bis heute nicht gelöst.

Der Überfluß an maschinell gefertigten Stoffen führte dazu, daß die Bekleidung mehr wurde als nur ein Mittel, uns vor den Elementen zu schützen. Arbeitskleidung, Sportbekleidung, Kleidung für offizielle Anlässe, Freizeitkleidung, Kleidung für jede Tageszeit – das alles gehörte bald in den Kleiderschrank des modebewußten Zeitgenossen, schmückte ihn und wertete seinen Status auf, ganz gleich welcher Gesellschaftsschicht er angehörte. In der eleganten Welt führte der Wunsch, die anderen in punkto Kleidung auszustechen, zum Aufstieg der Modeschöpfer. Wer die Kleider entworfen hatte, wurde wichtiger als ihr Aussehen. Das Etikett des Modeschöpfers wurde sichtbar getragen.

Beim Fortschritt von den Tierfellen über die natürlichen Fasern zu den Synthetics sind wir auf viele Probleme gestoßen. Das universelle Reinigungsmittel Seife ist weitgehend durch Waschmittel und chemische Lösungsmittel ersetzt worden. Die Seife konnte biologisch abgebaut werden, doch die Waschmittel mit ihren Phosphaten und anderen chemischen Zusatzstoffen sind in unsere Seen, Flüsse und Meere eingedrungen, wo sie das Algenwachstum angeregt, dem Wasser Sauerstoff entzogen und Fische und andere Wasserlebewesen getötet haben. Als man den Phosphatgehalt der Waschmittel senkte, ergaben sich an-

Kleider machen Leute, ganz gleich welcher
Gesellschaftsschicht sie angehören

dere Probleme bei der Reinigung der Wäsche. Zur Einleitung des eigentlichen Waschvorgangs wurden Vorwaschmittel angeboten, Zusatzmittel wurden empfohlen und Weichspüler für die Spül- oder Trockenphase verkauft. Je komplexer der Reinigungsprozeß wurde, desto komplizierter wurden die Produkte, die Ausrüstung und die Umweltfolgen. Und so geht es in allen menschlichen Lebensbereichen zu. Probleme verlangen Lösungen, und die Lösungen sind ihrerseits Probleme, die Lösungen verlangen.

PETERS DRECK-AKKUMULATIONS-PRINZIP: Etwas säubern heißt, daß man etwas anderes dreckig macht, aber man kann durchaus etwas dreckig machen, ohne etwas anderes zu säubern.

Was inzwischen in der Firma geschah

In den Jahren nach der Fusion wurde Akme Blei und Hartzinn ständig von Personalproblemen geplagt. In dem Bemühen, diese Situation zu bessern, beschloß der Vorstand auf Empfehlung von Generaldirektor Jerry Attrick, den frischgebackenen Diplomkaufmann Conklin Mann als Personalleiter einzustellen. Die Kopien einer Reihe von Aktennotizen in seinem Ordner zeigen, wie sich diese Maßnahme auswirkte.

AKME BLEI- UND HARTZINNPRODUKTE GMBH.

VON: Conklin Mann, Personaldirektor

AN: Jerry Attrick, Generaldirektor

AKTENNOTIZ: J.A., freue mich über die Nachricht, daß der Arzt mit Deinen Fortschritten zufrieden ist und

daß wir Dich bald wieder in der Unternehmensverwaltung
begrüßen können. Der Befund - nervöse Erschöpfung -
darf nicht auf die leichte Schulter genommen werden,
obwohl wir alle erleichtert waren, daß es nichts Ernstere
war.
In Deiner Abwesenheit hat sich deutlicher denn je her-
ausgestellt, wie notwendig Du einen Stellvertreter
brauchst, der Dir einen Teil Deiner Arbeitslast ab-
nimmt. Du wirst Dich erinnern, daß ich Dir das im
letzten Jahr mehrfach empfohlen habe. Ich glaube, es
ist an der Zeit, daß Du Dich zu einem Entschluß durch-
ringst.
Herzlichst Dein Con Mann

AKME BLEI- und HARTZINNPRODUKTE GMBH

VON: Jerry Attrick, Generaldirektor
AN: C. Mann, Personaldirektor

AKTENNOTIZ: Lieber Con, vielen Dank für Deine Aktennotiz. Ich versichere Dir, ich habe die Frage eines
Stellvertreters reiflich erwogen. Ich bin wie Du der
Meinung, daß ich einen brauche. Angesichts meiner gerade
überwundenen Erkrankung, würde ich sagen, JETZT ist
der Zeitpunkt! Das Problem ist, daß ich niemanden in
der Firma entdecken kann, der für den Posten in Frage
kommt.
Ich vermute, daß wir jemanden von außen holen könnten,
der solide Kenntnisse in der blei- und zinnverarbeiten-
den Industrie vorzuweisen hätte, aber es wäre ein
Glücksspiel. Ich würde lieber jemanden nehmen, der bereits zur Mannschaft gehört. Irgendwelche Vorschläge?

Generaldirektor
J. Attrick

AKME BLEI- UND HARTZINNPRODUKTE GMBH

VON: C. Mann, Personaldirektor

AN: Jerry Attrick, Generaldirektor

AKTENNOTIZ: J.A., ich habe darüber nachgedacht, wer
für die Beförderung zum stellvertretenden Generaldirektor in Frage käme, aber ich gebe Dir recht -
irgend etwas spricht gegen jeden.

Stu Pidd, Leiter der Gießerei, kommt nicht in Frage
nach all dem Ärger, den er uns mit der Organisation
- oder Desorganisation - seiner Abteilung gemacht
hat. Außerdem geht er viel zu freundlich und ver-
traulich mit seinen Mitarbeitern um.

Hy Sterik, Werbedirektor. Ich weiß, was Du von ihm
hältst! Er gibt ja selbst zu, daß er auf dem falschen
Posten sitzt und daß er für kreative Arbeit weit besser geeignet ist als für administrative.

Cal Luss, Direktor der Metallverarbeitung. Leider lebt
er in einer Welt der Formeln und Legierungen und weiß
kaum, was sonst bei uns passiert.

Mal Larky, Verkaufsdirektor. Natürlich ist er der Ehr-
geizigste der ganzen Truppe, aber mir wird ganz anders
bei dem Gedanken, was passieren würde, wenn jemand,
der so aggressiv und skrupellos ist, in der Generaldi-
rektion sitzen würde.

Ann Jyna, Leiterin des Chefsekretariats. Ich nenne
sie nur der Vollständigkeit halber. Sie ist so be-
sessen von ihrem Papierkram, daß sie sich nichts
Wichtigeres vorstellen kann, und außerdem ist da ihr
Gesundheitszustand. Wenn sie besser organisieren
könnte, hättest Du jetzt nicht Deine Probleme.

Also, J.A., das Problem hat es in sich, und im Moment
kann ich Dir mit keiner Lösung dienen.

Con Mann

AKME BLEI- UND HARTZINNPRODUKTE GMBH

VON: J. Attrick, Generaldirektor
AN: C. Mann, Personaldirektor

AKTENNOTIZ: Con, Du hast recht mit Deiner Beurteilung
unserer Abteilungsleiter. Zwar hast Du unseren Lager-
direktor und den Vorarbeiter übersehen, aber ich fürchte,
auch bei ihnen sieht es nicht anders aus - sie bringen
nicht das Zeug mit, das unser Mann haben muß.
Ich werde den Gedanken nicht los, Con, daß sich auch
andere Firmen in dieser Zwickmühle befinden, denn
wie könnten wir sonst wettbewerbsfähig bleiben? Es muß
einfach irgendwo in unserem Hause eine fähige Kraft
geben, nur wie kann man die entdecken? Als Personaldirektor müßtest Du sagen können, wie wir am besten
vorgehen sollen.

J. Attrick

AKME BLEI- UND HARTZINNPRODUKTE GMBH

VON: C. Mann, Personaldirektor
AN: J. Attrick, Generaldirektor

AKTENNOTIZ: Glückwunsch, J.A.! Deine Situations-
analyse trifft den Nagel auf den Kopf. Wir haben jeden
in der Firma getestet, und die Ergebnisse liegen mir
vor. Sie sind prima für Positionen in den unteren Rängen,
geben aber wenig Hinweise für die Entscheidung, wer
Deine rechte Hand bei der Führung unseres Unternehmens
werden soll.
Der stellvertretende Generaldirektor sollte, nach einigen Jahren als Dein Stellvertreter, in der Lage sein,
eines Tages in Deine Fußstapfen zu treten. Wir alle
freuen uns darauf, in den nächsten drei Jahren wieder

unter Deiner dynamischen Führung arbeiten zu können,
aber wer wird die große Tradition fortsetzen können,
die Du begründest hast? Die persönlichen Eigenschaften
des Assistenten müssen Dir angenehm sein, und das ist
etwas, was sich mit meinen Tests nicht feststellen läßt.
Hier ist ein Vorschlag. Ich möchte Dich natürlich nicht
beeinflussen, J.A. Es muß ganz allein Deine Entscheidung
sein, niemand kann sie Dir abnehmen. Aber ich habe mir
überlegt, ob wir uns nicht bei der Suche nach einer
geeigneten Kraft zu sehr von dem Kriterium der Sach-
kenntnis im Blei- und Hartzinngeschäft leiten lassen.
Klar, J.A., Du hast Dich vom Bleigießer emporgearbei-
tet, aber für Deinen Erfolg als Generaldirektor ist
allein Deine Fähigkeit verantwortlich, mit Menschen
umzugehen. Wäre es da nicht klüger, nach jemandem mit
Qualitäten in Menschenführung zu suchen, statt nach
technischem Sachverstand Ausschau zu halten?

Con Mann
Personaldirektor

AKME BLEI- UND HARTZINNPRODUKTE GMBH

VON: J. Attrick, Generaldirektor
AN: C. Mann, Personaldirektor

AKTENNOTIZ: Lieber Con, ich glaube, Du hast es erfaßt.
Ich denke, wir haben beide die ganze Zeit den sprin-
genden Punkt übersehen. Ich brauche jemanden, der sich
im Personalwesen auskennt - jemanden, zu dem ich Vertrauen habe. Wie so oft haben wir die naheliegendste
Lösung übersehen.
Ich bin mir jetzt völlig sicher, daß Du, Con, der
beste Mann für den Posten des stellvertretenden Generaldirektors bist. Und genau das werde ich auch dem

Vorstand vorschlagen. Ich frage Dich, Con, ob Du die
Position meines Stellvertreters übernehmen willst.

Jerry
Generaldirektor

AKME BLEI- UND HARTZINNPRODUKTE GMBH

VON: C. Mann, Personaldirektor
AN: Jerry Attrick, Generaldirektor

AKTENNOTIZ: Dein Angebot, J.A., kam völlig überraschend
für mich. Zuerst dachte ich, Du meinst es nicht ernst.
Bei längerem Nachdenken habe ich Deine Überlegung verstanden und muß Dir zustimmen.
Im Interesse unseres Unternehmens - ich will Dich nach
bestem Wissen und Gewissen unterstützen. Ich nehme Dein
Angebot an. Ich hoffe, daß ich das in mich gesetzte
Vertrauen nicht enttäuschen werde, und ich verspreche,
meine Pflichten getreulich zu erfüllen. Alle meine
Kräfte sollen DIR in meiner neuen Position zur Verfügung stehen

Con

P.S. Ich würde empfehlen, J.A., daß A. Newman den
Posten des Personalleiters bekommt. Ich habe ihn als
meinen Stellvertreter eingestellt, weil unsere Abteilung während Deiner Abwesenheit unter erheblicher
Mehrbelastung zu leiden hatte. Newman ist ein sehr
vielversprechender junger Mann.

CM

AKME BLEI- UND HARTZINNPRODUKTE GMBH

VON: A. Newman, Personaldirektor
AN: C. Mann, Stellvertretender Generaldirektor

AKTENNOTIZ: Con, in den zwei Jahren, seit Du den
Posten eines stellvertretenden Generaldirektors
übernommen hast, sind Dir immer mehr Pflichten auf-
geladen worden. Ich freue mich zu hören, daß der ärztliche Bericht die Hoffnung offenläßt, Du könntest in
Deiner gegenwärtigen Position weitermachen, vorausge-
setzt, Du läßt es langsamer angehen. Ich weiß, daß ich
offen sprechen kann, Con. Bluthochdruck in Verbindung
mit einem Magengeschwür darf sicher nicht auf die
leichte Schulter genommen werden. Wie Du gewiß erin-
nerst, haben wir im letzten Jahr mehrfach über die Möglichkeit gesprochen, einen Assistenten für Dich einzustellen, damit Dir ein bißchen Arbeit abgenommen wird.
Con, ich würde Dir vorschlagen, daß Du das jetzt sofort
machst. Es ist meine Pflicht, Dir das zu raten - im
Interesse Deiner Gesundheit und im Interesse des
Unternehmens.
Mein Vorschlag lautet: Ann Jyna bleibt Leiterin des
Zentralsekretariats, und Du ernennst jemanden zum
zweiten stellvertretenden Generaldirektor, der Dir
dann einen Teil Deiner Pflichten abnehmen kann.
Es wird Deiner Gesundheit guttun, Du wirst Deinen
Seelenfrieden wiederfinden, und die Leistungsfähig-
keit des Unternehmens wird wachsen. Genau das wün-
schen wir uns doch alle.

Mit herzlichem Gruß
A. Newman
Personaldirektor

Diese Aktennotizen zeigen, daß der ehrliche Versuch, Unfähigkeit abzubauen, neue Stufen von Unfähigkeit hervorbringen kann. Unter solchen Umständen muß es zur Anhäufung von totem Holz, von überflüssigem Personal kommen. Wer Probleme durch Beförderung und Neueinstellungen zu lösen versucht, muß immer mit der Möglichkeit rechnen, daß seine Maßnahmen auf Kosten der Produktivität gehen. Ein typisches Beispiel dafür finden wir in der Bibel (Matthäus 25,21): «Ei, du frommer und getreuer Knecht, du bist über wenigem getreu gewesen, ich will dich über viel setzen.» Die Tatsache, daß der fromme und getreue Knecht das «wenige» tüchtig besorgt hat, und seine ursprüngliche Position garantieren nicht, daß er das «viele» bewältigen wird, das ihm sein höherer Rang auferlegt.

COROLLARIUM 18: Je höher man auf der hierarchischen Leiter klettert, desto wackliger wird sie.

Die Kriterien zur Bewertung von Kompetenz sind nicht immer leicht herauszufinden. Beispielsweise machte James K. Polk bei seinem Wahlkampf um die Präsidentschaft vier ehrgeizige Versprechen. Er versprach, im Falle seiner Wahl Kalifornien zu erwerben, den Oregon-Grenzstreit beizulegen, die Zollgebühren zu senken und ein Unterschatzamt einzurichten. Er wurde gewählt und hielt jedes seiner Versprechen. Kein anderer Präsident hat diesen Rekord auch nur annähernd erreicht.

Am 29. Juli 1962 wurde unter fünfundsiebzig namhaften amerikanischen Historikern eine Umfrage durchgeführt, in der es die Fähigkeit früherer Präsidenten zu bewerten galt. Von fünf Kategorien, die ihnen zur Verfügung standen, ordneten sie Polk in die zweite Gruppe ein, Woo-

*Die Kriterien zur Bewertung von Kompetenz sind nicht
immer leicht herauszufinden*

drow Wilson, der sein Versprechen, Amerika aus dem
Krieg herauszuhalten, nicht erfüllt hat, dagegen in die
Spitzengruppe. James K. Polk war für nur eine Amtszeit
im Weißen Haus.

> «Niemandem wird es je gelingen, aus dem Präsiden-
> tenamt mit dem Ruf auszuscheiden, der ihn in das Amt
> hineingebracht hat.»   –THOMAS JEFFERSON

Verderbliche Heilmittel

Viele Versuche, irgendwelche Probleme zu lösen, schlagen
fehl, und zwar aus einer Reihe von Gründen. Anne Kelly
in Bristol wollte ihr Haus isolieren lassen. Was dann tatsächlich geschah, war ein offenkundiger Fall von Unfähigkeit. Die Arbeiter trafen ein, um das Isoliermaterial in die

Mauern zu pumpen. Beim ersten Versuch schlugen sie ein klaffendes Loch in die Wand des Wohnzimmers. Beim zweiten Versuch bohrten sie durch die Wand in die Tiefkühltruhe hinein. Zum dritten Anlauf begaben sie sich nach draußen. Diesesmal ging der Bohrer durch ein Heizungsrohr bis in die Küche. Frau Kelly berichtete, sie habe dort gestanden, zur Salzsäule erstarrt, und habe zugesehen, wie der Isolierschaum in ihre Küche gepumpt worden sei. «Wie eine Erscheinung aus dem Weltraum», sagte sie.

Andere Lösungsversuche mißlingen, weil sie die richtigen Heilmittel für die falschen Probleme sind oder umgekehrt. Einige nützen nichts, weil sie Scheinkuren sind, mit denen nie mehr bezweckt wurde, als die Öffentlichkeit an der Nase herumzuführen.

Werden nicht alle Konsequenzen berücksichtigt, kann eine Regierungsentscheidung, die in einem Bereich eine leichte Verbesserung bringt, in einem anderen große Nachteile verursachen. Man hob die Renten an, um den bedürftigen älteren Menschen zu helfen, hob sie dadurch aber um ein paar Dollar über die Einkommensgrenze hinaus, die sie von der kostenlosen medizinischen Versorgung ausschloß. Man entzog die medizinische Hilfe ausgerechnet der Bevölkerungsgruppe, die sie am dringendsten brauchte.

Das Drängen der Regierung auf strenge Einhaltung der Bauvorschriften war ein gutgemeinter Versuch, die Wohnsituation niedriger Einkommensschichten zu verbessern. Das Ergebnis dieser politischen Maßnahme zeigt, daß die Eigentümer von Wohnhäusern in Wohngebieten niedriger Einkommensschichten nicht auf ihr Profitinteresse verzichten, nur weil die Regierungspolitik sich ändert. Die Eigentümer fanden sich nicht mit dem Verlustgeschäft ab, sondern weigerten sich, große Summen auszugeben, um den Bauvorschriften zu entsprechen. Lieber gaben sie ihre Häuser auf, so daß es bald Tausende von verlassenen Gebäuden gab, was für viele der Mieter eine Verschlechterung ihrer Wohnsituation bedeutete.

In einem Artikel in *The Washington Monthly* wurde unser durch nichts gerechtfertigter Glaube an Regierungslösungen wie folgt beschrieben: «Als Nation glauben wir, daß jedes Problem in Washington gelöst werden müsse. Wir können nicht ein Problem mit Geld zuschütten und erwarten, daß es verschwindet. Die Demokraten machen diesen Fehler mit sozialen Reformen, die Republikaner mit Verteidigungsprogrammen.»

> «Die Politik ist ein Betätigungsfeld, auf dem man ständig die Wahl zwischen zwei Fehlern hat.»
> – JOHN MORLEY, brit. Parlamentsmitglied

Zu den Maßnahmen, die Alligatoren in Florida zu retten, gehörte auch das Verbot für die Besitzer der großen Sumpfgebiete, die Alligatoren abzuschießen. Da mit der Aufzucht von Alligatoren kein Geld mehr zu verdienen war, legten die Besitzer die Sümpfe trocken, um sie landwirtschaftlich zu nutzen, so daß die Alligatoren schließlich in eben jenen Gebieten völlig beseitigt wurden, in denen man sie zu retten beabsichtigte.

> «Jede Entscheidung, die man trifft, ist ein Fehler.»
> – EDWARD DAHLBERG

Das Office of Technology Assessment des Kongresses untersuchte in einer Studie die Ergebnisse zweier amerikanischer Handelsboykotte, die die sowjetische Wirtschaft treffen sollten.

Als 1979 das Ausfuhrverbot für Weizen den Verkauf an Rußland unterbrach, suchten sich die Russen andere Lieferanten. Verluste erlitten nur die amerikanischen Bauern und die amerikanische Wirtschaft.

In dem Bericht heißt es weiter, daß auch das technologische Embargo für das Röhrengeschäft die amerikanische Wirtschaft stärker getroffen hatte als die sowjetische. Die Amerikaner gerieten auf dem Weltmarkt in den Geruch eines unzuverlässigen Handelspartners, wodurch künftige Geschäfte gefährdet wurden und sich bei den Natoverbündeten ein kaum verhohlener Groll einstellte, die diese Sanktionen nicht billigten. In dem Bericht stand außerdem, daß der harte Kurs der Reagan-Regierung eine solche Empörung in Europa hervorgerufen habe, daß der politische Nutznießer möglicherweise die UdSSR sei.

> «*Das kann hier nicht passieren* steht ganz oben auf der Liste mit berühmten letzten Worten.»
> – DAVID CROSBY

Ein sehr wirksames Mittel, bestimmte Aktivitäten zu verstärken, besteht darin, sie in Acht und Bann zu tun. Die Neigung der Menschen, einen Gegenstand nur deshalb haben zu wollen, weil er ausdrücklich verboten ist, machte den Moralhütern der Bostoner Watch and Ward Society einen Strich durch die Rechnung. Das Verdikt «Banned in Boston» garantierte einst einem Buch hohe Verkaufszahlen und ein Stück regen Publikumszuspruch.

> «Ich bin nie einem Mädchen begegnet, das durch ein schlechtes Buch ins Unglück gebracht worden ist.»
> – JIMMY WALKER

In der Absicht, die Kosten für die beträchtlichen Über-
stunden der New Yorker Polizei zu senken, wurden mehr
Beamte zum Streifendienst abgeordnet. Da jedoch die
Hauptursache für die Polizeiüberstunden die Verhandlun-
gen vor dem Haftrichter sind und nicht der Streifendienst,
bedeutete der ausgeweitete Streifendienst mehr Festnah-
men, mehr Zeit vor dem Haftrichter und noch mehr Über-
stunden.

> «Zeit ist Geld, vor allem, wenn die Zeit die Gestalt von
> Überstunden hat.»   – EVAN ESAR

Der Bundesstaat Colorado erließ die «Sunset Laws», nach
denen bestimmte Behörden alle fünf Jahre überprüft und
abgeschafft werden müssen, wenn ihre Weiterführung
nicht durch ein neues Gesetz beschlossen wird. Im ersten
Jahr kosteten die Prüfungen 212000 Dollar. Und das Ergebnis? Drei nur gelegentlich arbeitende Ämter wurden
geschlossen. Ihr gemeinsamer Haushalt betrug 6810 Dollar.

> «Wenn eine Sache wert ist, getan zu werden, ist sie es
> auch wert, schlecht getan zu werden.»
>   – G. K. CHESTERTON

Ein Vier-Jahres-Programm zur Erschließung und Förderung wirtschaftlich schwacher Gebiete der Vereinigten
Staaten (ARA) gab an Unternehmen, die Niederlassungen
in solchen Gebieten gründeten, mehr als 300 Millionen
Dollar in Form von Subventionen und langfristigen Darle-
hen aus. Da die Wirtschaft dem Programm die Förderung
unlauteren Wettbewerbs vorwarf, stellte die ARA ihre Tätigkeit am 30. Juni ein. Ein neues Programm erhielt den

neuen Namen EDA und einen neuen Etat von 3 Milliarden Dollar. Ungefähr 350 der Mitarbeiter, die infolge der Beendigung des alten Programms entlassen worden waren, erhielten Arbeitsplätze beim neuen EDA-Programm und sollten sich am 1. Juli zur Arbeit einfinden.

> «Die wichtigste Kunst des Politikers besteht darin, neue Namen für alte Einrichtungen zu finden, deren alte Namen in der Öffentlichkeit anstößig geworden sind.»   – TALLEYRAND

Nach einer Untersuchung der Vereinigung der Lebensversicherer kommen auf 1 Dollar, der den Bedürftigen erreicht, 8 Cent von der Kirche, 27 Cent von karitativen Verbänden und 3 Dollar von der amerikanischen Bundesregierung.

> «Mildtätigkeit schafft eine Fülle von Sünden.»
> – OSCAR WILDE

Präsident Mobutu Sese Seko der Republik Zaire gab eine Milliarde Dollar für einen Staudamm des Zaire-Flusses und eine 1800 km lange Leitung in die kupferproduzierende Provinz Shaba aus. Das Wasserkraftwerk ging 1981 ans Netz, wurde aber schon acht Monate später wieder endgültig abgeschaltet. Shaba ist in der Stromerzeugung Selbstversorger.

Die Gewißheit, daß selbst während einer Ölkrise die lebenswichtigen Notdienste einsatzfähig bleiben, ist eine große Beruhigung. Während der Energiekrise im Jahre 1973 wurde der Industrie für alkoholfreie Getränke bei der Benzinzuteilung ein hundertprozentiger Prioritätsstatus eingeräumt. Es war der gleiche Status, den die Fahrzeuge des Rettungsdienstes und der Feuerwehr genossen. Die Anordnung kam von Energiesekretär Charles Duncan, einem ehemaligen Präsidenten von Coca-Cola.

> «Kopf hoch, das Schlimmste kommt noch!»
> – PHILASTER CHASE JOHNSON

Im englischen Faversham beschloß der Stadtrat, 53 250 DM für eine Zeitstudie zur Erhöhung der Arbeitsleistung anzulegen. Der Stadtschreiber berichtete, die Stadträte hätten so viel Zeit mit den Rationalisierungsfachleuten verbracht, daß sie mit ihrer Arbeit sechs Wochen in Verzug gekommen wären.

> «Unsere Aufgabe im Leben ist es nicht, Erfolg zu haben, sondern unsere Mißerfolge guten Mutes zu ertragen.»
> – ROBERT LOUIS STEVENSON

Es gab einmal eine Zeit, da war das Amt des Präsidenten das höchste, das es in einer Organisation zu ergattern gab, doch die Titelinflation in den Betrieben und Unternehmen hat sogar vor diesem ehrwürdigen Rang nicht Halt gemacht. Walter Shipley, der Vorsitzende der Chemical Bank, ist nicht etwa ihr Präsident, er ist ihr Chief Executive Officer und hat drei Präsidenten ernannt, für jede Hauptabteilung einen. «Ich brauche nicht eine Nummer Zwei», hat Mr. Shipley dazu erklärt, «sondern drei.» Drei Nummer Zwei, und jede mit dem Titel ausgestattet, der Nummer Eins gebührt.

Durch die Vizepräsidenten-Schwemme ist es notwendig geworden, eine eigene Rangordnung zu schaffen: Ganz unten stehen die gewöhnlichen Vizepräsidenten, auf der nächsten Stufe die leitenden Vizepräsidenten, und nur die geschäftsführenden Vizepräsidenten befinden sich auf der Stufe, die tatsächlich für die Nummer Zwei vorbehalten ist. In manchen Unternehmen läßt sich nur unter Schwierigkeiten jemand entdecken, der nicht Vizepräsident oder Direktionsassistentin (früher schlicht Sekretärin) eines Vizepräsidenten ist. Man geht von Unternehmensseite vermutlich davon aus, daß ein Kunde einem Verkäufer, der sich Vizepräsident nennen darf, einen größeren Auftrag erteilen wird, in der Meinung, es mit einem leitenden Angestellten des Unternehmens zu tun zu haben, doch trägt diese Entwicklung nur zur Sinnentleerung von betriebsinternen Rangbezeichnungen und ganz allgemein zum Sprachverfall bei.

«Titel sind Schall und Rauch, Kronen sind nichtige Dinge.»
                                        – DANIEL DEFOE

Europäische Landwirtschaftsexperten überzeugten die Burmesen davon, daß tieferes Pflügen ihren Ernteertrag steigern würde. Statt dessen wurde dadurch der harte Untergrund aufgebrochen, der das Wasser in den Reisfeldern hielt.

Die Experten überredeten einige Bauern in der Türkei, die Steine von ihren Äckern zu sammeln. Später entdeckte man, daß auf steinigen Feldern bessere Erträge erzielt werden, weil in diesem trockenen Klima die Steine die Feuchtigkeit bewahren.

«Ein Experte ist jemand, der immer mehr über immer weniger in Erfahrung bringt.»
                           – NICHOLAS MURRAY BUTLER

Das guatemaltekische Erdbeben im Jahre 1976 bot Gelegenheit, Hilfsbereitschaft zu demonstrieren. Die USA stiftete 27000 Tonnen Getreide, um den Opfern zu helfen. Nun hatte es in Guatemala jedoch gerade die größte Getreideernte seit Jahren gegeben. Die Spende ließ die Getreidepreise auf dem Inlandsmarkt ins Bodenlose fallen, was für die Menschen, denen die Hilfe galt, eine größere Katastrophe bedeutete als das Erdbeben selbst.

> «Der Weg aus den Schwierigkeiten hinaus ist nie so einfach wie der Weg hinein.»   – ED HOWE

Der Assuanstaudamm sollte in Ägypten durch verbesserte Wasserversorgung für eine landwirtschaftliche Produktivitätssteigerung sorgen. Eine stark schwächende Wurmkrankheit, die Bilharziose, war ein altbekanntes ägyptisches Problem, das zum Glück nur einen kleinen Teil der Bevölkerung betraf. Die Würmer werden durch Schnekken übertragen, die in den Bewässerungsgräben leben. Wenn die Gräben jedes Jahr austrocknen, gehen die Schnecken größtenteils ein, wodurch das Ausmaß der Krankheit begrenzt bleibt. Als der Staudamm fertig war, blieben die Gräben das ganze Jahr hindurch gefüllt. Die Schneckenpopulation konnte ungehemmt anwachsen, so daß heute fast die Hälfte der ägyptischen Bevölkerung unter Bilharziose leidet. Der erhoffte Produktionszuwachs ging durch die krankheitsbedingte Schwächung der Arbeitskräfte wieder verloren, die bis zur Hälfte ihrer normalen Energie einbüßen, und der jährliche Wirtschaftsverlust beläuft sich auf ungefähr 550 Millionen Dollar.

> «Wenn es nach mir ginge, würde man sich mit Gesundheit anstecken und nicht mit Krankheiten.»
> – ROBERT G. INGERSOLL

Zum erstenmal seit 1893 gab es 1971 ein amerikanisches Handelsdefizit gegenüber anderen Staaten. Die Sorge um die Wettbewerbsfähigkeit der amerikanischen Industrie legte sich, als das Verteidigungsministerium einen Plan vorlegte, der vorsah, die US-Waffenverkäufe von 950 Millionen Dollar im Jahre 1970 auf 3,8 Milliarden Dollar im Jahre 1973 anzuheben. Dies war die umfangreichste Maßnahme zum Ausgleich der Handelsbilanz. Leider hat sie die politische Stabilität in der Welt erheblich gefährdet, ohne der amerikanischen Handelsbilanz sonderlich zu helfen.

«Wer weiß, wann irgendein leichter Stoß, der das empfindliche Gleichgewicht zwischen Gesellschaftsordnungen und Begehrlichkeit stört, die Wolkenkratzer in unseren Städten zum Einsturz bringt.»

– RICHARD WRIGHT

Der unwahrscheinliche Traum

«Das Leben ist der ernsthafte Versuch, etwas aus
dir und deiner Umwelt zu machen, aber ich ver-
stehe es auch als eine wunderbare Sache, in die man
hineingeworfen wird und in der man viel Spaß an
der Unmöglichkeit des ganzen haben kann.»
– ANGUS WILSON

Lange hatte ich die Vision einer menschlichen, anständi-
gen und praktischen Gesellschaft, in der rechtes Handeln
nicht die Ausnahme, sondern die Regel ist und in der die
einzigen Schlachten gegen Dummheit, Leiden, Hunger,
Krankheit, Unfähigkeit, Ungerechtigkeit und den Krieg
selbst geschlagen werden. Während ich diesen utopischen
Träumen nachhing, überlegte ich auch, mit welchen Mit-
teln unsere moderne, im Niedergang befindliche Welt eine
solche Hinwendung zum Idealzustand wohl bewirken
könnte. An diesem Punkt pflegte dann meine utopische
Vision zu verschwimmen und die Wirklichkeit in den
Blick zu kommen.

Das Konzept eines utopischen Staates wurde 1516 von
Sir Thomas More in seinem Buch *Utopia* entworfen. Dort
wird eine imaginäre Insel beschrieben, auf der vollkommene moralische, gesellschaftliche und politische Verhält-
nisse herrschen. Allerdings hätten die Menschen, die dann
tatsächlich die vollkommene Gesellschaft schaffen wollten, durch zwei Hinweise gewarnt sein müssen: Erstens
durch Mores Titel *Utopia*, ein lateinisches Kunstwort
griechischen Ursprungs mit der Bedeutung «Nicht-Ort»

oder «nirgendwo», und zweitens durch die völlig unwahr-
scheinliche Hypothese, daß das Leben auf Utopia völlig
von der Vernunft bestimmt wird.

> «Logik ist die Kunst, sich mit Überzeugung zu irren.»
> – HOSEPH WOOD KRUTCH

Der utopische Staat gründet sich auf den Glauben an die
Vollkommenheit. Doch Menschen sind wir nicht, weil wir
es zur Vollkommenheit bringen können, sondern weil wir
uns ändern können. Zwar glaube ich nicht an die Möglichkeit, die Menschheit zur Vollkommenheit zu bringen,
aber ich glaube, daß die Individuen unserer Gattung fähig
sind, sich zu bessern. Als Lehrer habe ich erlebt, wie Schüler ihre Leistung in einzelnen Fächern, ihre Denkfähigkei-
ten, ihre Kreativität, ihr Selbstvertrauen und ihr morali-
sches Verhalten verbessert haben. Ich habe gesehen, wie
Persönlichkeiten sich entwickelt und entfaltet haben, bis
sie ihr Leben zu ihrer Zufriedenheit gestalten und ihre
Pflichten sich selbst und der Gesellschaft gegenüber erfüllen konnten. Leider schützt ihre Besserungsfähigkeit diese
Menschen nicht vor dem Peter-Prinzip.

> «Wie bin ich hierher gekommen? Jemand hat mich ge-
> stoßen. Jemand hat mich in diese Richtung getrieben,
> und viele, viele Hände haben sich die Zügel weiterge-
> reicht, denn freiwillig hätte ich diesen Weg um nichts
> in der Welt eingeschlagen.»   – JOSEPH HELLER

Ich habe erlebt, wie fähige ärztliche Praktiker befördert
und alsbald unfähige Leiter von Abteilungen, Stationen
und Krankenhäusern wurden. Und ich habe Ärzte in Pri-
vatpraxen erlebt, die unfähig wurden, weil ihr Interesse

*Und mancher Arzt verstrickt sich in Liebesaffären
mit seinen Patientinnen*

für Geld auf Kosten ihrer therapeutischen Funktion ging.
Manche sind weder tüchtige Ärzte noch erfolgreiche
Geldleute.

Jemand mit den erforderlichen Voraussetzungen kann
ein großer Arzt werden. Sobald dieser Mensch es dann
zum fähigen ärztlichen Praktiker gebracht hat, ist es dank

der menschlichen Vielfalt immer noch möglich, daß er
seine Stufe der Unfähigkeit auf einer höheren Sprosse der
hierarchischen Leiter erreicht. Der fähige Internist oder
Chirurg, der Schwierigkeiten im Umgang mit Menschen
hat, wird seine Stufe der Unfähigkeit in den Personalfra-
gen entdecken. Der Arzt mit moralischen Schwächen wird
seine Stufe der Überforderung gefunden haben, wenn er in
Versicherungsbetrug, Drogengeschäfte oder Rechnungs-
fälschungen verwickelt ist. Der brillante Mediziner, der
durch psychische Instabilität kleine Konzentrationslük-
ken aufweist, kann sich eines Kunstfehlers schuldig machen, der ihm überhaupt keine Sprosse mehr läßt, auf der
er stehen könnte.

So ist das. Dem einen Arzt wird der Alkohol zum Ver-
hängnis, dem anderen das Rauschgift und einem dritten
unbesonnene Liebesaffären mit Patientinnen.

Gott sei Dank bleibt eine ausreichende Zahl von Ärzten
und anderen im Gesundheitswesen tätigen Menschen auf
ihrer Stufe der Fähigkeit, so daß für die meisten unserer
medizinischen Bedürfnisse gesorgt ist, doch jeder Arzt hat
einen Bereich relativer Schwäche, der plötzlich in den Vordergrund rücken kann, wenn die entsprechende Stufe erreicht ist.

Entsprechend gibt es für jede Stufe der beruflichen Erfolgsleiter eine menschliche Eigenschaft als unabdingbare
Voraussetzung von Fähigkeit, ohne die es zu Schwierigkeiten kommen muß.

«Wenn man sein Handwerk versteht, wird man gezwungen, es aufzugeben. Der Mann in der Werkzeug-
maschinenfabrik begann als Verkäufer im Laden. Als
Vizepräsident für Verkauf und Werbung ist er ver-
krampft im Umgang mit anderen und mit sich selbst.

Ebenso steigt der Reporter zum Leitartikler oder Chefredakteur auf, der Arzt wird Leiter eines Krankenhauses, der Professor Dekan, Präsident oder Stiftungsfunktionär, der Betriebsleiter wird ins Management übernommen. Alle diese Leute müssen ihre handwerklichen Fertigkeiten begraben und ihre Arbeitskollegen verlassen. Sie müssen weniger mit Dingen und mehr mit Menschen arbeiten.»

— David Riesman

Wenn jemand seinen Bereich der Unfähigkeit mit den Kompetenzvoraussetzungen einer unteren Stufe seiner beruflichen Erfolgsleiter zu meistern versucht, heißt es, er sei eben nicht für diesen Beruf geeignet. Die Befähigung eines anderen mag für jede Sprosse der Leiter bis in ihre höchste Spitze ausreichen, ohne daß eine Stufe mit den Inkompetenzbereichen des Betreffenden zusammenfällt. Daraufhin versucht dieser Günstling des Erfolgs, eine andere Leiter zu erklimmen – der erfolgreiche Vertreter macht sein eigenes Geschäft auf; der wohlhabende Rechtsanwalt geht in die Politik; der berühmte Reporter kauft eine Kleinstadtzeitung und versucht sich als Verleger. Auf diese Weise können sich auch die extrem Erfolgreichen den Weg zur Unfähigkeit offenhalten, und wer genügend Ausdauer besitzt, hüpft so lange von einer Leiter zur nächsten, bis er diejenige gefunden hat, auf der ihn seine besondere Sprosse der Niederlage erwartet.

«Meine Mutter sagte immer, wenn wir einer Aufgabe immer gewachsen sind, dann wird sie unseren Fähigkeiten nicht gerecht.»   — Linda Tsao Yang

Wer auf einer Leiter Erfolg hat, mag versucht sein, gleichzeitig auf zwei oder mehr Leitern zu klettern. Der erfolg-

reiche Geschäftsmann erwirbt einen zweiten Betrieb,
einen dritten und schafft schließlich eine Situation, die er
nicht mehr im Griff hat. Mit genügend Phantasie und Ausdauer dürften sogar die begabtesten Menschen ihre Stufe
der Unfähigkeit erreichen können.

> «Ich weiß genau, was ich fliehe, aber nicht, was ich
> suche.»   – MICHEL DE MONTAIGNE

Durch den technischen Fortschritt werden die mensch-
lichen Fehler multipliziert. Mit einer Maschine kann ein
Unfähiger weit mehr Unheil anrichten als mit einem
Werkzeug. Macht ein Arbeiter mit einer Schaufel einen
Fehler, so sind die Folgen unerheblich. Macht der Fahrer
eines Schaufelbaggers einen falschen Schwenk, reißt er die
Stützbalken ein, beschädigt das Fundament, und das
ganze Gebäude stürzt ein.

Wenn der Buchhalter bei den Eintragungen in das
Hauptbuch einen Moment abgelenkt ist und eine Ziffer
vergißt, stimmen die Bilanzen nicht. Bei Durchsicht der
Zahlenreihen läßt sich der Fehler lokalisieren, und – von
der verlorenen Zeit abgesehen – ist kein großer Schaden
entstanden. Wenn dagegen der Programmierer eines
Computers eine Ziffer vergißt, können die Folgen weitreichend, teuer, ja katastrophal sein.

> «In ein paar Minuten kann ein Computer einen Fehler
> machen, den zu begehen viele Männer viele Monate
> brauchen würden.»   – MERLE L. MEACHAM

Die Pharmaka sind erheblich wirksamer geworden, so daß
größere Vorsicht bei der Verordnung und Einnahme von
Arzneimitteln geboten ist. Produkte wie die in der Land-

wirtschaft verwendeten Pestizide haben an Giftigkeit zugenommen, was von den Arbeitern, die sich ihrer bedienen, mehr Kompetenz verlangt. Inkompetenz bei irgendeinem Glied in der Kette von der Herstellung über Transport, Lagerung, Verteilung bis hin zur Verwendung der modernen chemischen Produkte kann weitreichende, schädliche Folgen haben.

«Die meisten Erfindungen waren Geräte, die uns erlaubten, Zeit zu sparen, Entfernungen schrumpfen zu lassen, Energie zu verstärken, Bewegungen anzutreiben und natürliche Prozesse zu beschleunigen – es waren Geräte, die den modernen Menschen mit Siebenmeilenstiefeln und fliegenden Teppichen ausrüsteten, ihn von den physischen Beschränkungen des Hier und Jetzt entbanden. Doch unsere heutige Erfahrung zeigt, daß all diese Entwürfe und Hoffnungen von einst einen Riß bekommen haben: Je schneller wir reisen, desto weniger sehen und erfahren wir; je weiter sich unser Kommunikationsnetz spannt, desto begrenzter wird unser Verständnis, wenn alle anderen Bedingungen gleich bleiben; je größer unsere physische Macht, desto empfindlicher unsere sozialen und moralischen Beschränkungen.»   – LEWIS MUMFORD

Die Herstellung und Handhabung von Kernwaffen ist das extremste Beispiel für den wachsenden Bedarf an Kompetenz. Bei der Bombe, die auf Hiroschima abgeworfen wurde, wurden 12 Pfund U^{235} in das Energieäquivalent einer Explosion von 12 500 Tonnen TNT umgewandelt. In ein paar Sekunden tötete sie mehr als 100 000 Menschen. Heute verfügen die Supermächte über eine Nuklearkapazität von Milliarden Tonnen TNT. Die Vereinigten Staaten und die Sowjetunion rechnen aus, wie viele Megatonnen sie auf die Ballungszentren der anderen Macht abwerfen müssen, um die Masse der Bevölkerung umzubringen. Strategietheoretiker, die die Folgen von Atomschlägen errechnen, geben ihre Ergebnisse in der Zahl der Todesfälle infolge von Explosionen und radioaktivem Niederschlag an. Was in ihren Vorhersagen fehlt, ist der Umstand, daß die gegenwärtig einsatzfähigen Bomben 70 Prozent der Ozonschicht zerstören könnten, die die tödlichen Mengen ultravioletter Strahlung im Sonnenlicht ausfiltert und dadurch erst das Leben in Rußland, Amerika und an jedem anderen Ort auf der Erde möglich macht. Auf einem Globus, von dem alles menschliche Leben getilgt wäre, würde es keinen Sieger geben. Dreißig Jahre würde es dauern, bis sich die Ozonschicht regeneriert hätte, und wahrscheinlich Millionen von Jahren, bis sich eine neue Spezies entwickelt hätte und über die Erde herrschen würde.

> «Das zentrale Problem unserer Zeit – von dem alle anderen Schwierigkeiten herrühren – resultiert aus dem Stillstand der politischen Theorie seit Beginn des technischen Fortschritts. So überläßt man die kompliziertesten Maschinen Politikern, deren Vorstellungen aus dem Zeitalter der Pferdefuhrwerke stammen.»
> – NORTHCOTE PARKINSON

Zu einer Zeit, da auf jeder Stufe der Hierarchie – unter anderem in der Politk, dem Bildungswesen und der Wirtschaft – mehr Kompetenz erforderlich ist, erleben wir überall den Zusammenbruch moralischer Werte, den Niedergang der öffentlichen Institutionen und industrielle Stagnation. Obwohl eine gewisse menschliche Fehlerquote unvermeidlich ist, kommt es in unserer Zeit ganz besonders darauf an, sie auf ein Minimum zu beschränken und den Aktionsradius des Peter-Prinzips einzugrenzen, so daß die Menschen nicht auf jene Sprosse befördert werden, wo ihre Unfähigkeit am großzügigsten zum Sand im Getriebe von Wirtschaft, Erziehung, Politik oder anderen Lebensbereichen beisteuern würde.

«Der Kampf, um nach oben zu kommen, genügt, dem menschlichen Herzen Erfüllung zu schenken.»
– ALBERT CAMUS

Ein früheres Lösungsbuch – *Das Peter-Programm oder Der 66-Punkte-Plan, mit dem man Problemen, Pannen und Pleiten Paroli bieten kann* – beschrieb Formeln und Prozesse zur Steigerung der persönlichen Kompetenz, Kreativität und Sicherheit, zeigte, wie man mit anderen Menschen umgeht, wie man ihre Fähigkeiten fördert und entfaltet und wie man diese Prozesse anwendet, um Probleme gesamtgesellschaftlicher Art zu lösen. Im vorliegenden Buch wird das Peter-Prinzip vor allem durch konkrete Beispiele erklärt, deshalb soll zum Schluß anhand einiger realer Beispiele gezeigt werden, wie Einzelpersonen und Organisationen versucht haben, dem Schicksal der Unfähigkeit zu entgehen.

COROLLARIUM 19: Klettere die Erfolgsleiter empor, erreiche die Spitze, und du wirst feststellen, daß du auf dem absteigenden Ast bist.»

Entbürokratisierung

Eine besondere Art von Unfähigkeit wird durch die Zunahme jener Amtsschimmelreiter, Paragraphenhengste und Pedanten hervorgebracht, die man im allgemeinen als Bürokraten bezeichnet. Wenn ein Bürokrat dem Peter-Prinzip zum Opfer fällt, bringt er überhaupt nichts Nützliches mehr zustande, sondern ist nur noch in der Lage, leere Formalien und Prozeduren zu ersinnen, die den Rest der Welt unter einem Gebirge von Papier begraben und ihm das Leben schwer machen. Deshalb ist es ermutigend, von Versuchen zu hören, diesem Trend entgegenzuwirken.

In Brasilien hat die Bürokratie ein Höchstmaß an Kompliziertheit angenommen. Bevor die Regierungsbüros morgens öffnen, haben sich dort Schlangen von bis zu tausend Menschen gebildet. Wenn man Fabrikant ist und sein Erzeugnis exportieren möchte, braucht man eine Erlaubnisbescheinigung, für die 1470 verschiedene Verwaltungsakte von 13 Ministerien und 50 Behörden erforderlich sind. In dem Bestreben, der steigenden Bürokratisierungsflut Herr zu werden, hat die brasilianische Regierung das neue Entbürokratisierungsministerium geschaffen. Helio Beltrão, der neue Minister für Entbürokratisierung, schätzt, daß die Bürokratie Brasiliens durch Leerlauf, Verschleppung und verhinderte Abschlüsse pro Jahr 13 Milliarden Dollar kostet, die zur brasilianischen Inflationsrate von 120 Prozent erheblich beitragen. Bislang hat Beltrão 400 Millionen offizielle Formulare aus dem Verkehr gezogen und nur 150 Verordnungen erlassen.

Unter der Leitung von Ministerpräsident Zhao Ziyang hat China achtundneunzig Ministerien, Kommissionen und Behörden, und Zhao hofft, die Zahl auf zweiundfünfzig verringern zu können. Zwölf Ministerien und Kommissionen sind bereits auf sechs reduziert und um ein Drittel ihres Personals entschlackt worden. Um die Entscheidungsprozesse zu erleichtern, wollen die Chinesen die Zahl ihrer Minister und Staatssekretäre um ungefähr drei Viertel kürzen und die Belegschaft der Regierungsbehörden insgesamt um ein Drittel abbauen.

> «Eine Nation bleibt gesund, solange sie sich mit ihren wirklichen Problemen auseinandersetzt, und beginnt ihren Niedergang, wenn sie sich mit nebensächlichen Fragen beschäftigt.»   – ARNOLD TOYNBEE

Mythos Management

Management ist die Einflußnahme auf Menschen, um dadurch Entscheidungsgewalt über ein Wirtschaftsunternehmen oder eine andere Organisation auszuüben. Bei gutem Management führt dieser Vorgang zu einem positiven Ergebnis. Schlechtes Management hat gewöhnlich negative Folgen für eine Organisation – gleichgültig, ob es sich um ein Wirtschaftsunternehmen, eine Schule, eine Kirchengemeinde, einen Sportverein, eine politische Vereinigung, einen Haushalt oder eine Familie handelt.

COROLLARIUM 20: In einer Hierarchie hat ein fähiger Untergebener bessere Chancen, einen unfähigen Vorgesetzten zu lenken, als ein unfähiger Vorgesetzter, einen fähigen Untergebenen zu leiten.

Ein fähiger Manager regelt die finanziellen, personellen, organisatorischen und disziplinarischen Fragen seines

Unternehmens, er geht geschickt mit anderen Leuten, Abteilungen oder Organisationen um. Auch der unfähige
Manager mag alle diese Dinge brav erledigen – es ist umsonst, wenn es ihm nicht gelingt, die zündenden Ideen zu
liefern, die der Erfolg verlangt. Die Manager eines Unternehmens mögen ihren Pflichten noch so gewissenhaft
nachkommen, Zielsetzungen und Dienstwege festlegen,
doch wenn plötzlich ein in- oder ausländischer Konkurrent die gewohnten Gleise verläßt und ein neues oder
überlegenes Produkt anbietet, ist das ganze gewissenhafte
und pedantische Management für die Katz.

Management ist kein Ersatz für echtes Unternehmertum. Durch Managementmaßnahmen vermittelt man
Menschen weder Verantwortungsgefühl noch Fähigkeiten, dazu muß man sie führen. Ein fähiger Unternehmer
muß auch ein guter Manager sein, aber einem fähigen Manager kann es durchaus an der Kreativität und Begeisterungsfähigkeit fehlen, die den echten Unternehmer auszeichnen. Ein Unternehmer sieht weiter als die anderen,
zeigt neue Richtungen und versteht es, die Mitglieder seiner Organisation dazu zu bringen, ihm auf neuen Wegen
zu folgen. Viele werden als Unternehmerpersönlichkeit
bezeichnet, einfach weil sie an der Spitze stehen oder oben
sind, doch das ist nur eine Definition des Wortes, damit
wird nur die Position, nicht die Eigenschaft der Führungspersönlichkeit bezeichnet. Es gibt einen erheblichen Unterschied – oder kann ihn zumindest geben – zwischen
dem, der in einer leitenden Position ist, und dem, der eine
Führungspersönlichkeit ist. Führungskräfte haben Führungsqualitäten – je höher sie aufsteigen, desto weiter sehen sie, je mehr sie wissen, desto selbständiger werden sie,
desto weniger neigen sie dazu, andere zu kopieren.

1957 kostete ein in den USA hergestellter Videorecorder ungefähr 50000 Dollar. Es handelte sich um ein umfangreiches Gerät, das vor allem in den Fernsehstudios Verwendung fand. Akio Morita, der Vorsitzende des japanischen Unternehmens Sony, erkannte, daß der Apparat ein beliebtes Unterhaltungsgerät für den privaten Haushalt werden könnte, wenn es gelänge, ihn handlicher und billiger herzustellen. Er setzte dem Unternehmen das langfristige Ziel, einen kompakten, leicht zu bedienenden und erschwinglichen Videorecorder für den Hausgebrauch zu entwickeln. 1965 brachte Sony den ersten Video-Magnetband-Recorder für den privaten Haushalt auf den Markt. 1975 verkaufte Sony das Betamaxsystem, das erste Videocassettengerät der Welt.

Die Entwicklungsingenieure von Sony brauchten zwanzig Jahre, um das Betamaxsystem zu entwickeln, doch als es auf den Markt kam, führte seine Beliebtheit zu einer Revolution in der Fernsehindustrie, steigerte den Absatz von Fernsehgeräten, leitete einen neuen Trend ein – den Austausch von Filmkameras und -projektoren gegen Videokameras und -recorder – und begründete einen völlig neuen Industriezweig, der ausschließlich damit beschäftigt ist, Videobänder für den privaten Konsum herzustellen, zu verkaufen und zu verleihen.

Die amerikanischen Fernseh- und Elektronikunternehmen mögen gute Manager haben, aber Sony-Chef Akio Morita hatte etwas anderes zu bieten: langfristige Planung und Führungsqualitäten. Im Stil der amerikanischen und japanischen Unternehmensführung gibt es viele Unterschiede. In Japan werden die Beschäftigten auf allen Ebenen des Unternehmens vom Management wie Partner behandelt. Die Arbeiter erhalten Prämien und eine jährliche Gewinnbeteiligung. Die meisten Angehörigen der Führungsspitze von Sony sind Ingenieure, die die Forschungs-, Entwicklungs- und Herstellungsprozesse aus eigener Erfahrung kennen. Sie sind in ihre einflußreichen Positionen nicht durch ein Studium an berühmten Universitäten gelangt.

COROLLARIUM: 21: Universitäten können Universitätsabsolventen produzieren, aber keine Fähigkeiten.

Kürzlich haben Amerikaner japanische Unternehmen untersucht, um dem Geheimnis ihres Erfolges auf die Spur zu kommen. Die meisten ihrer Befunde hatte Amerika einst gelernt, lange bevor uns die Wirtschaftsexperten mit ihren Managementmethoden beglückten und eine neue soziale Klasse schufen – die Verwaltungseliten.

> «Alle Managementtheorien werden zu Verschwörungen gegen gutes Management und dienen dem Manager in erster Linie als Alibi.»
> – T. GEORGE HARRIS, ehemaliger Chefredakteur von *Psychology Today*, heute Chefredakteur von *American Health*

In der Pionierzeit Amerikas waren Führungsqualitäten erforderlich, um Eisenbahnen zu bauen, und Managementqualitäten, um sie zu leiten. Führung hat mit Visionen zu tun, während Management sich mit Kontrolle befaßt. Gelegentlich vermag eine Person beides, doch oft kommt das Peter-Prinzip auf seiner höchsten Stufe zur Anwendung, wenn ein fähiger Manager in eine Führungsposition aufsteigt.

Viele Manager sind in der Lage, Umfragen durchzuführen, die Ratschläge von Unternehmensberatern umzusetzen und in Zusammenarbeit mit anderen kurzfristige Ziele zu setzen, die sich allgemeiner Zustimmung erfreuen. Häufig fehlt ihnen die schöpferische Phantasie, neue Wege einzuschlagen.

Die amerikanischen Pionierunternehmen, die einmal ein Markenzeichen für Erfindungsgeist, Innovation und Produktivität waren, kleben heute an kurzfristigen Zielsetzungen und unmittelbaren Profiten. Marktuntersuchungen bestimmen das Angebot. Die Konsumenten können immer nur unter den bereits bekannten Produkten auswählen, da die «neuen, verbesserten» Produkte in aller Regel der Abklatsch oder die kaum verbesserte Neuauflage der ewig gleichen Dinge sind.

Die amerikanische Autoindustrie wurde von Erfindern und Designern geschaffen, deren Autos einst den Weltmarkt beherrschten. Als das Management in Führungspositionen aufstieg, erlahmte der Industriezweig in einer Phase, in der immer größere und größere Autos ohne nennenswerte technische Neuerungen produziert wurden und man sich lediglich läppische kosmetische Veränderungen wie Seitenflossen und mehrfarbige Karosserien einfallen ließ. In der Produktionsqualität übernahmen ausländische Hersteller die Führung – mit kompakten, bequemen, bezinsparenden Fahrzeugen –, und die amerikanische Autoindustrie sah sich gezwungen, dem Trend zu folgen, den progressive ausländische Unternehmen vorgezeichnet hatten.

«Wenn du in einer gegebenen Situation nur siehst, was jeder andere auch sehen kann, so bist du so sehr Repräsentant deiner Kultur, daß du schon ihr Opfer bist.»
– S. I. HAYAKAWA

Der Niedergang der amerikanischen Industrie hätte von jedem Kenner der Hierarchologie vorhergesagt werden können, der die Führungsstruktur untersucht hätte. Angehende Manager besuchen betriebswirtschaftliche Fakultäten, wo sie geduldig den akademischen Lehrbetrieb über sich ergehen lassen und als passive Konsumenten von Wirtschaftstheorien, Lehrbüchern und Seminaren einen Schein nach dem anderen machen, um schließlich mit ihrem Diplom oder ihrer Promotion in das Wirtschaftsleben entlassen zu werden. Wenn sie auf verschiedenen Managementebenen Erfahrungen gesammelt und sich als zuverlässige und prompte Vollstrecker des Willens der obersten Firmenleitung bewährt haben, sind sie für den Aufstieg in Positionen qualifiziert, die Führungsqualitäten verlangen. Eine ganze Industrie ist aus dem Boden geschossen, um die Bedürfnisse der Befehlsempfänger zu bedienen, die in Führungspositionen aufgestiegen sind. Überall gibt es Beratungsfirmen, die bereit sind, die entscheidungsscheue oder beschlußunfähige Führungskraft bei der Hand zu nehmen.

> «Vielleicht bedeutet kreatives Denken einfach die Erkenntnis, daß es kein besonderer Verdienst ist, die Dinge so zu tun, wie sie schon immer getan worden sind.»   – RUDOLPH FLESH

Glücklicherweise erreichen auch einige Manager, die sich durch Kreativität und Führungsqualitäten auszeichnen, höhere Führungsebenen, wo sie dann positive und innovative Programme entwickeln können.

> «Das große, schöpferische Individuum ist zu mehr Weisheit und Tugend fähig, als es der kollektive Mensch je sein kann.»   – JOHN STUART MILL

Das Unternehmen Tandem Computer in Cupertino, Kalifornien, hat versucht, den Papierkrieg so weit wie möglich abzuschaffen, und sogar Aktennotizen durch den persönlichen Kontakt ersetzt. Jim Treybig, der Präsident des Unternehmens, sagt: «Die meisten Unternehmen leiden unter einem Zuviel an Management. Und die meisten Menschen brauchen weniger Befehle als wir glauben.»

> «Wir können die Schwerkraft überwinden, aber den
> Papierkrieg nie.»   – Wernher von Braun

Die Kollmorgen Corporation mit Sitz in Stamford, Connecticut, hat eine breite Produktpalette und weist einen jährlichen Bruttogewinn von 220 Millionen Dollar auf. Die Unternehmensleitung bei Kollmorgen hat herausgefunden, daß kleine Abteilungen produktiver arbeiten. Wenn irgendein Zweig des Unternehmens auf eine Zahl von fünfhundert Mitarbeiter kommt, wird ihm deshalb praktisch freie Hand gegeben. Er wählt seinen eigenen Vorstand. Die Grundregel des Unternehmens lautet: vollkommene Ehrlichkeit. Alle Angestellten sind am Gewinn beteiligt. Das System führt zu phänomenalem Teamgeist und Erfolg. Kollmorgens dreizehn Abteilungen arbeiten so selbständig, daß 4500 Angestellte mit einer zentralen Unternehmensleitung von nur fünfundzwanzig Mitgliedern auskommen. Generaldirektor Robert Sevigett erklärt: «Das ist eine so bequeme Art der Unternehmensführung, daß wir nicht verstehen, warum es nicht alle genauso machen.»

> «Erfolg ist eine Reise, kein Bestimmungsort.»
>   – Ben Sweetland

Die Mitarbeiter der Lincoln Electric Company in Euclid, Ohio, haben allen Grund, jedes Jahr den Tag zu feiern, an dem sie ihre jährliche Gewinnprämie erhalten. 1982 wurden an die 2634 Fabrikarbeiter Prämien in einer Gesamthöhe von 41 197 311 Dollar gezahlt – im Durchschnitt 15 640 Dollar pro Mitarbeiter. Seit 1934 hat das Unternehmen mehr an Prämien ausgezahlt als an regulären Löhnen. Obwohl der Absatz 1982 um 25 Prozent zurückging, entließ das Unternehmen keinen Mitarbeiter, der dort länger als zwei Jahre angestellt war – die erklärte Firmenpolitik seit den dreißiger Jahren. Alle Arbeit geschieht auf Akkordbasis. Je härter man arbeitet, desto höher die Prämie. In dem Unternehmen hat es nie Zwangspensionierungen gegeben. Die hohe Arbeitsproduktivität drückt sich in niedrigen Personalkosten aus, die an den Verbraucher weitergegeben werden. Lincoln gehört zu den führenden Unternehmen auf dem Weltmarkt für elektrische Schweißapparate. Der Vizepräsident der Verkaufsabteilung sagt: «Wir sind der Meinung, daß jede Arbeit in unserem Unternehmen wichtige Arbeit ist. Wir achten die Würde aller unserer Mitarbeiter. Sie verlangen nach Anerkennung ... Wir behandeln unsere Mitarbeiter als Menschen und nicht als Gebrauchsgegenstände.»

«Der entscheidende moralische Punkt ist, daß alles außerordentlich kompliziert und schwierig ist und daß vermutlich nichts davon getan werden kann, indem man einen Knopf reibt und ‹Abrakadabra› sagt ... Das Leben kann befriedigender sein, wenn die Menschen nicht glauben, daß es einfache Antworten gibt.»
– ANGUS WILSON

Die meisten Großunternehmen, die weitgehend auf eigene Forschungsarbeiten angewiesen sind, haben irgendwelche Verfahren ersonnen, ihre kreativen, wissenschaftlichen und technischen Betriebsangehörigen zu belohnen, ohne sie über ihren Kompetenzbereich hinaus zu befördern. Auf diese Weise vermeiden sie die Gefahr, einen fähigen technischen Mitarbeiter von großem Wert zu verlieren und einen Manager von möglicherweise bescheidenerem Wert zu gewinnen oder – im Extremfall – einen kreativen Wissenschaftler gegen einen unfähigen Verwaltungsmann einzutauschen.

> COROLLARIUM 22: Von seiner Arbeit frustriert zu werden, kann unangenehm sein, doch das wirkliche Unglück geschieht möglicherweise erst dann, wenn man über sie hinaus befördert wird.

Die Funktionsweise des Systems wurde in einem Artikel von Gerald Meyer im *St. Louis Post-Dispatch* erklärt: «Wie Monsanto mit dem Peter-Prinzip fertig wird.» In der Monsanto Company hat ein Wissenschaftler oder Ingenieur zwei Möglichkeiten der Beförderung: erstens in Managementpositionen mit größerer administrativer Verantwortung und zweitens auf höhere Stufen innerhalb der Forschungsabteilung mit größerer individueller Verantwortung. Meyer schreibt dazu:

«Die zweite Leiter ähnelt in gewisser Weise dem Aufstieg innerhalb der akademischen Gemeinschaft. Die Ähnlichkeit zeigen schon die Namen, die die Sprossen der Beförderungsleiter im Monsanto-Programm tragen. ‹Fellows›, ‹Senior Fellows› und ‹Distinguished Fellows› sind Titel, die mehr an ein College als an ein Wirtschaftsunternehmen denken lassen.»

Ein typisches Beispiel für einen solchen Aufstieg bietet Kuen Young Kim, der mit zweiundvierzig Fellow wurde. Der geborene Koreaner promovierte in Chemie an der Universität von Wisconsin. Als er befördert wurde, war er seit elf Jahren bei Monsanto beschäftigt. Er hatte zahlreiche wissenschaftliche Artikel geschrieben, wichtige Arbeit in Monsantos Abteilung für anorganische Chemie geleistet und fünf Jahre lang in erster Linie die Stoffe erforscht, die in Zahnpasta und anderen Zahnpflegemitteln verwendet werden. Monsanto ist der größte Hersteller solcher Stoffe.

Das Programm soll Mitarbeitern zugutekommen, die sich über einen längeren Zeitraum um die Firma verdient gemacht haben, nicht Leuten, die ein oder zwei vereinzelte Erfolge zu verzeichnen haben. Wer schließlich zum Fellow ernannt wird, bekommt eine andere Position innerhalb des Unternehmens. Die Ernennung gilt der Beförderung ins Management als völlig gleichwertig und wird auch entsprechend honoriert. Als wissenschaftlicher Fellow kann Kim freier über seine Arbeit bestimmen und ist in seiner Handlungsfreiheit durch keine Arbeitsplatzbeschreibung mehr eingeschränkt.

Man nimmt vielfach an, der Erfolg des Monsanto-Programms gehe großenteils auf die Sorgfalt bei der Auswahl der betreffenden Mitarbeiter zurück, so daß der Titel *Fellow* auch ernst genommen wird.

> «Der beste Führungsmann ist derjenige, der klug genug ist, gute Leute zu finden, damit sie tun, was er getan haben möchte, und zurückhaltend genug, um sich nicht einzumischen, während sie es tun.»
> – THEODORE ROOSEVELT

In einem Artikel der Managementrubrik in *Business Week* vom 28. September 1974 wurde die Unternehmensstruktur und Arbeitsweise von Heublein Inc. beschrieben. Ursprünglich ein Spirituosenhersteller, hat sich Heublein zu einem multinationalen Unternehmen entwickelt, das so unterschiedliche Produkte anbietet wie Kentucky-Grillhähnchen, Smirnow-Wodka und Weine aus der italienischen Schweiz. Die Unternehmensleitung gibt den Verantwortlichen für die verschiedenen Produktbereiche so viel Einfluß und Selbstverantwortung, daß sie fast wie unabhängige Unternehmen arbeiten. Ein Ziel lautet, das Management in der Unternehmensspitze, auf der mittleren und auf der unteren Ebene aller Teilunternehmen durch Aktienbeteiligung am Unternehmensergebnis stark interessiert sein zu lassen.

Der Artikel enthielt auch eine Beschreibung des Verfahrens, durch das Heublein hoffte, den Schwierigkeiten des Peter-Prinzips entgehen zu können. Es heißt Auffangposition und besteht in der festen Zusage, daß «ein Manager nach seiner Beförderung jederzeit in eine Position von mindestens gleicher Geltung und Dotierung zurückkehren kann, wenn er sich nicht bewährt.»

Heubleins Präsident Hicks Waldron erläuterte: «Das Unternehmen muß das Risiko mittragen, das entsteht, wenn es diesen Mitarbeiter die Treppe hinauffallen läßt. Wenn er den neuen Anforderungen tatsächlich nicht genügt, hat das Unternehmen meiner Meinung nach die Verpflichtung, ihn wieder auf seine einstige Ebene zurückzuversetzen. Dort hat er sich ja schließlich als erfolgreich erwiesen.»

Die Auffangposition war kein neues Konzept, sondern erhob lediglich ein firmenübliches Vorgehen in den Rang einer offiziellen Regel. Wie Richard C. Farr, der Vizepräsident der Personalabteilung, erklärte: «Wir haben dies lediglich zu einem festen Bestandteil unseres gesamten Management-Programms gemacht.» Ein Vorteil liegt darin, daß die Mitarbeiter keine Angst mehr haben, entlassen zu werden, weil sie mit einer bestimmten Aufgabe nicht fertig werden.

COROLLARIUM 23: Es kündigen mehr fähige Mitarbeiter, als unfähige entlassen werden.

Erkenne dich selbst

Die meisten Menschen strampeln sich ab, um eine Sprosse auf der Erfolgsleiter zu erreichen, von der sie sich Glück, Anerkennung und Wohlstand erhoffen. Meine Interviews mit Menschen auf den unteren, mittleren und oberen Sprossen dieser Leiter haben mich davon überzeugt, daß jeder Erfolg haben möchte, daß dabei aber Erfolg auf zweierlei Weise definiert wird. Einmal wird er als Leistung beschrieben – als Erwerb von Geld, Macht, Status und Besitztümern. Zum anderen wird Erfolg als die Verwirklichung von Glückserwartungen verstanden – als befriedigende Lebensweise, Liebe, Gesundheit, Selbstverwirklichung, Muße, um die Schönheit dieser herrlichen Welt zu genießen, und Zeit für spielerische Beschäftigungen.

Mir scheint, die wirklich erfolgreichen Menschen waren diejenigen, denen es gelungen war, die beiden Aspekte des Erfolgs dergestalt miteinander zu verbinden, daß ihnen sowohl die Freude über ihre Leistung als auch die Zufriedenheit mit der Erfüllung ihrer privaten Glückserwartungen zuteil wurde. Wer meinte, Erfolg lasse sich nur durch Erklettern der Leistungsleiter erzielen, war häufig ent-

*Zum anderen wird Erfolg als die Verwirklichung von
Glückserwartungen verstanden*

täuscht und unglücklich. Die Menschen, die ständig auf
die Sprosse über sich starrten, versäumten es, den Aus-
blick von der Sprosse zu genießen, auf der sie sich gerade
befanden. Die Zufriedenheit darüber, eine neue Sprosse
erklommen zu haben, war kurzlebig, weil sich schon bald
der Wunsch nach der nächsten Sprosse meldete.

COROLLARIUM 24: Die Talente des potentiell fähigen
Mitarbeiters verschleißen mit der Zeit, während der potentiell unfähige Mitarbeiter bis zu einer Stufe aufsteigt,
auf der sich sein ganzes Potential der Inkompetenz voll
verwirklicht.

Die Leute, die auf eine Stufe gelangen, auf der sie Selbstverwirklichung fanden, und dort längere Zeit verweilten,
um dann weiter aufzusteigen, ihre beruflichen Fertigkeiten verbessernd und eine befriedigende Lebensweise ent-

wickelnd, waren die allseitig erfolgreichsten Menschen, denen ich begegnet bin.

> «Warum müssen wir dem Erfolg in so verzweifelter Hast nachjagen und warum in so verzweifelten Unterfangen? Wenn ein Mensch mit seinen Weggefährten nicht Schritt hält, so vielleicht deshalb, weil er einem anderen Rhythmus folgt.»
> – HENRY DAVID THOREAU

Der Einfallsreichtum, mit dem manche Menschen versuchen, bei *der* Sache bleiben zu können, in der sie am fähigsten sind, ist wahrhaft beeindruckend. Sehr anschaulich ist das Beispiel von Duane Ford, einem Lehrer und Trainer an der Central Columbia High School in Bloomsburg, Pennsylvania. Ich lernte ihn vor zehn Jahren kennen und war beeindruckt von seiner Fächerkombination, die unter anderem Philosophie, Psychologie, Soziologie, Anthropologie, Wirtschaftswissenschaft und Politologie umfaßte. Außerdem war er Trainer der Basketballmannschaft.

Schon nach wenigen Jahren hatte er sich als Lehrer Achtung und Wertschätzung erworben. Seine Kurse waren ausschließlich Wahlfächer und behandelten Themen, die die meisten jungen Leute eigentlich hätten abschrecken müssen. Trotzdem erfreuten sie sich regen Zuspruchs. Er war gewiß der ideale Anwärter für beruflichen Aufstieg, aber er erzählte mir, er würde allen Vorschlägen, Ermutigungen und Angeboten widerstehen, «in die Verwaltung zu gehen», «eine Universitätslaufbahn einzuschlagen», «aus dem Erziehungswesen auszusteigen, für uns zu arbeiten und Ihr Gehalt in einem Jahr zu verdoppeln».

Im Laufe dieser zehn Jahre ist Duane, abgesehen davon, daß er Leiter des Fachbereichs Social Studies wurde – ein

Amt, in dem er alle sein Lehr- und Traineraufgaben behalten konnte –, geblieben, was er war, und wurde zu einem Vorbild für alle, die bestrebt sind, ihr Leben auf ihrer individuellen Stufe der Fähigkeit zu halten und zu bereichern.

In einem Interview für dieses Buch bekannte er, daß er in seinem Kampf gegen eine unliebsame Beförderung eine sehr einfache Strategie verfolgt habe. In den peripheren Bereichen seiner Arbeit habe er ein hinreichendes Maß an scheinbarer Unfähigkeit gezeigt, um ernsthafte Zweifel an seiner Befähigung für höhere Aufgaben auszustreuen. Duane meinte: «Man ist genauso fähig wie eh und je, aber ein bißchen wohldosierte, irrelevante Unfähigkeit wirkt wie der schmutzige Kragen eines Büroangestellten. Sie tritt nur hin und wieder in Erscheinung und ist gewöhnlich völlig harmlos, aber sie bleibt jedem im Gedächtnis.»

Zu Anfang seiner Laufbahn, als weiße Hemden, unauffällige Krawatten und Gabardin- oder Flanellanzüge Mode waren, trug er bunte Hemden, Wollschlips und farbenfrohe Jacketts, was die Augenbrauen seiner Vorgesetzten in die Höhe trieb. Verständlich, daß ihn die heutige «Kleidertoleranz» traurig stimmt: «Diese Technik macht sich nicht mehr bezahlt. Nur meine Schüler merken, daß meine Kleidung weder altmodisch noch aktuell ist.» Er trägt sich ernsthaft mit dem Gedanken, zum steifen Habit früherer Zeiten zurückzukehren, um bei seinen Vorgesetzten den Eindruck zu erwecken, daß er als Verwaltungsbeamter völlig veralteten Vorstellungen anhängen würde.

Der Kalender auf seinem Schreibtisch zeigt selten das richtige Datum, und während er zum Unterricht stets pünktlich erscheint, verspätet er sich grundsätzlich zu allen Konferenzen. Er behauptet, das Zuspätkommen müsse von gelegentlicher Pünktlichkeit und sogar Überpünktlichkeit aufgelockert sein. «Wer stets fünf Minuten zu spät kommt, zeigt damit einen gewissen Ordnungssinn.»

Zweifellos hat Duane einen ausgeprägten Sinn für Humor und genießt die Rolle des tüchtigen Lehrers, der für eine Beförderung trotzdem nicht in Frage kommt. Er hat jenes empfindliche Gleichgewicht erreicht, in dem man seine beruflichen Pflichten ernst nimmt, sich selbst aber nicht zu sehr. Im Unterricht setzt er den Humor ein, um ein entspanntes Klima zu schaffen, um die Aufmerksamkeit auf die wichtigen Punkte zu lenken und um schwierige Klippen zu umschiffen.

Der außerordentliche Erfolg seiner Basketballmannschaften hat eigentlich keinen Zweifel an seinen Fähigkeiten, seinem Eifer und seiner Begeisterung aufkommen lassen, doch selbst als Trainer ist es ihm gelungen, eine leise Ungewißheit zu verbreiten. Obwohl die Schulfarben Blau und Weiß waren, liefen seine Mannschaften drei Jahre lang mit rotweißen Trikots aufs Feld, und nur ein kleiner blauer Streifen erinnerte an die Tradition.

Als er nach Bloomsburg kam, ließ er es sich angelegen sein, seine Unwissenheit in den Sportarten zu demonstrieren, mit denen er nichts zu tun hatte. Als er zum ersten Heimwettkampf der Ringerschulmannschaft zu spät kam, entschuldigte er sich dafür, «die erste Halbzeit versäumt zu haben». Nachdem er sich gesetzt hatte, deutete er auf die Matte in der Mitte der Halle und fragte in lauter Verwunderung: «Wo sind die Seile?»

Die Feldhockeyspieler, die neu in seinem Kurs waren, zeigten sich verwirrt, aber nachsichtig, als er sie fragte: «Wie gleitet eigentlich der Puck auf dem Rasen?»

Die Querfeldeinläufer nahmen seine Glückwünsche zur hohen Punktzahl der Schulmannschaft mit der gleichen

sauren Miene entgegen, mit der ein Golfer auf die Anerkennung über eine besonders hohe Zahl von Schlägen reagieren würde. Als man ihn über seinen Irrtum aufklärte,
wischte er die Erläuterungen mit der Bemerkung beiseite:
«Jede Sportart, in der die niedrigste Punktzahl gewinnt,
verdient, daß man sie mißversteht.»

Manche Erwachsene begreifen nicht, daß er sich absichtlich zur Zielscheibe seiner eigenen Scherze macht,
während seine Schüler es verstehen und darin einen weiteren Beweis für seinen Humor sehen. In einer Erwiderung
für diejenigen, die sein Fehlverhalten als Zeichen der Un-
reife ansehen, erklärte er neulich auf einem Festessen für
eine seiner Meistermannschaften: «Ich weiß nicht, was ich
tun möchte, wenn ich erwachsen bin, oder ob ich überhaupt erwachsen werden möchte, aber wahrscheinlich
würde es sich nicht wesentlich von dem unterscheiden,
was ich heute tue.»

Alles in allem ist Duane Ford für mich ein Mensch, der
es als außergewöhnlicher Lehrer, Trainer und als sehr ge-
witzter Mensch zu seiner Stufe der Fähigkeit gebracht hat
und der sich ständig fortentwickelt, wobei er die Qualität
seines Lebens und seiner Arbeit verbessert, während er
seine Erfolge und sein Glück genießt.

> «Nichts ist gewöhnlicher als die Kunde von Männern,
> die all ihre Energie darauf verwenden, in eine höhere
> Stellung erhoben zu werden, um festzustellen, daß sie
> ihr nicht gewachsen sind.» – KARL VON CLAUSEWITZ

Lachen, die beste Medizin

Meine Schriften über das Peter-Prinzip dienten nie der Absicht, die Sünden, Fehler, Eitelkeiten und Unfähigkeiten meiner Mitmenschen anzuprangern. Ich bin mindestens so schuldig wie sie. Ich habe meine Beobachtungen mitgeteilt, weil ich die Erleichterung, die das Lachen spendet, mit anderen teilen wollte – jenen höchst befriedigenden Bewältigungsmechanismus, der uns die Absurdität unseres persönlichen Mißgeschicks und der allgemein menschlichen Situation vor Augen führt.

> «Meine Art zu scherzen besteht darin, die Wahrheit zu sagen. Sie ist der köstlichste Scherz der Welt.»
> – GEORGE BERNARD SHAW

Ein Mann, der zu seiner Stufe der Unfähigkeit hinaufklettert, erscheint mir viel interessanter als ein Mann, der auf einer Bananenschale ausrutscht. Der Mann, der die Bananenschale nicht bemerkt, auf ihr ausrutscht und hinfällt, ist lange nicht so komisch wie der Mann, der über seine Anmaßung stolpert. Der Mann, der die Bananenschale sieht, stolz über sie hinwegsteigt und dann in einem offenen Gully verschwindet, wirkt viel komischer auf mich.

> «Wenn die Liebe die Welt bewegt, so sorgt sicherlich der Humor dafür, daß sie sich um ihre Achse dreht.»
> – EDWIN B. GILROY

Manche Beispiele für Unfähigkeit sind mindestens ebenso komisch wie jede noch so listig gestrickte Komödienszene. Shirley Allard trat ihren Dienst als Schulbusfahrerin in Greenfield, Massachusetts, an. Beim erstenmal verfuhr sie sich mit zwei Schülern im Wagen auf einer Landstraße und beendete ihre Tour erst, als ihr das Benzin ausging – acht Stunden später und hundert Kilometer von ihrem Bestimmungsort entfernt. Der Bus wurde zu einer Tankstelle geschleppt, aber da Mrs. Allard die 32 Dollar für Benzin und Abschleppen nicht zahlen konnte, wurden sie und ihre beiden erschöpften Passagiere zur nächsten Polizeiwache gebracht. Die Eltern der beiden Jungen im Alter von zehn und elf hatten Anzeige wegen Menschenraubs erstattet. Mrs. Allard kündigte auf der Stelle. Die Heilsarmee gab ihr ein Nachtquartier und zahlte ihr eine Busfahrkarte für den Heimweg.

> «Lach über dich selbst, bevor es ein anderer tut.»
> – ELISA MAXWELL

Unfähigkeit kann schlimme Folgen haben, doch wenn wir alle Schwächen und Umständlichkeiten aus unserem Leben verbannen würden, würden wir so tüchtig werden, daß für den Spaß überhaupt kein Platz mehr bliebe. Als Kinder lachen wir über viele Dinge. Wenn wir dann älter werden, erkennen wir die Bedeutung der Ausbildung, setzen uns berufliche Ziele und stürzen uns bis über beide Ohren in das ernsthafte Geschäft des Lebens. Diese Beschäftigungen vernebeln uns den Blick für die Ironie, die darin liegt, daß wir uns verzweifelt bemühen, eine Stufe ewigen Unglücks zu erklimmen.

> «Ein Sinn für Humor, der hoch genug entwickelt ist, um einem Menschen seine eigene Absurdität ebenso vor Augen zu führen wie die anderer Leute, wird ihn vor fast allen Sünden bewahren, ausgenommen denen, die es wert sind, begangen zu werden.»
> – SAMUEL BUTLER

*Unser wahres Talent liegt nicht in unserer Fähigkeit,
sondern in unserer Unfähigkeit*

Der Londoner Stephen Pile erwarb sich seinen literarischen Ruf als Beobachter eigener und fremder Unfähigkeit. Seine These lautet, der Erfolg werde überschätzt und unser wahres Talent liege – wenn sich auch jedermann nach Erfolg verzehre – nicht in unserer Fähigkeit, sondern in unserer Unfähigkeit. Er ist davon überzeugt, daß die Unfähigkeit die Eigenschaft ist, die uns von den niederen Tieren unterscheidet, und daß wir lernen müßten, sie zu verehren.

Er gibt zu, daß gelegentlich ein Genie wie R. Buckminster Fuller geodätische Schalenkonstruktionen entwickelt, die stärker und leichter sind als irgendein Bauwerk zuvor, doch die meisten von uns nageln sich ihr Häuschen zusammen wie eh und je und hauen sich gelegentlich mit dem Hammer auf den Daumen. Die außergewöhnlichen Exemplare der Gattung Mensch, die sich weit über den täppischen Durchschnitt erheben, machen deutlich, daß wir anderen unsere Sache mehr schlecht als recht machen.

Als Präsident des englischen Nicht-Gerade-Toll-Klubs hat Stephen Pile versucht, ein internationales Festival der Unfähigkeit in der Royal Festival Hall in London zu veranstalten. Es sollte der erste Auftritt der Welt schlechtester Sänger, Zauberer, Schauspieler, Artisten und anderer Unterhaltungskünstler in einer großen Feier der menschlichen Unzulänglichkeit werden. Leider scheiterte das Festival an organisatorischen Fehlern und administrativen Schwierigkeiten.

Krönender Tiefpunkt von Stephen Piles erfolgloser Präsidentenschaft des Nicht-Gerade-Toll-Klubs war sein offizielles Handbuch der Organisation *The Incomplete Book of Failures* (Das unvollständige Buch der Mißerfolge). Leider wurde das Buch ein Erfolg. Pile war kein Mißerfolg mehr und wurde aus dem Klub ausgestoßen. Sogar als Mißerfolg war er ein Mißerfolg.

«Es sollte einen Nobelpreis für Witz geben. Auf Physiker, Chemiker, Wirtschaftswissenschaftler könnten wir zur Not verzichten. Auf den Frieden verzichten wir im allgemeinen. Witz ist unverzichtbar.»
– GEORGE F. WILL

Es war nie meine Absicht – auch als ich über Lösungen geschrieben habe –, mir den Kopf anderer Leute zu zerbrechen. Auf der Suche nach Kompetenz habe ich nur ver-

sucht, meine eigenen Probleme zu lösen. Wenn ich darüber geschrieben habe, so war mein höchster Ehrgeiz
wahrzumachen, was William K. Zinsser beschrieben hat,
als er sagte: «Ich möchte die Leute zum Lachen bringen,
damit sie den Ernst der Lage erkennen.»

«Es ist viel leichter, zu handeln und zu wagen, als nach
den Gründen zu fragen.»
— G. A. STUDDERT-KENNEDY

Pädagogik bei rororo

H. u. J. Bußmann
Unser Kind geht auf die Waldorfschule *Erfahrungen und Ansichten*
(rororo sachbuch 8736)

B. Esser / Ch. Wilde
Montessori-Schulen *Zu Grundlagen und pädagogischer Praxis*
(rororo sachbuch 8556)

Wulf Wallrabenstein
Offene Schule - Offener Unterricht
Ratgeber für Eltern und Lehrer
(rororo sachbuch 8752)
Dieses Buch lädt ein zu einer Entdeckungsfahrt in den Offenen Unterricht und Offene Schulen und informiert engagiert über Wochenplan, Morgenkreis, entdeckendes Lernen und viele weitere Brennpunkte.

Horst Speichert
Richtig üben macht den Meister
Das Erfolgsprogramm gegen Lernfehler, Verlernen und Vergessen
(mit kindern leben 7875)

K. Dietrich / G. Landau
Sportpädagogik *Grundlagen, Positionen, Tendenzen*
(rororo sport 8623)

Dieter Lenzen
**Pädagogische Grundbegriffe
Band 1: Agression - Interdisziplinarität
Band 2: Jugend - Zeugnis**
(rowohlts enzyklopädie 487 + 488)

Christoph Lindenberg
Waldorfschulen: Angstfrei lernen, selbstbewußt handeln *Praxis eines verkannten Schulmodells*
(rororo sachbuch 6904)

Schulspaß und Schulspiele
*Handbuch zum Schulalltag.
Herausgegeben von der Arbeitsgruppe Oberkircher Lehrmittel*
(rororo sachbuch 7783)

Else Müller
Hilfe gegen Schulstreß
Übungsanleitungen zu Autogenem Training, Atemgymnastik und Meditation. Übungen zum Abbau von Aggressionen, Wut und Spannungen für Kinder und Jugendliche
(rororo sachbuch 7877)

Klaus-Jürgen Tillmann
Sozialisationstheorien *Eine Einführung in den Zusammenhang von Gesellschaft, Institution und Subjektwerdung*
(rowohlts enzyklopädie 476)

Sämtliche Bücher und Taschenbücher zum Thema finden Sie in der *Rowohlt Revue.* Jedes Vierteljahr neu. Kostenlos in Ihrer Buchhandlung.

rororo sachbuch